大學微微疼
打給賀，
哇係微疼

捧腹推薦

不死兔

這麼爆笑的圖文不推不行啊！希望未來你能繼續微不幸下去（誒?!）～才能有梗畫出更多好笑的漫畫娛樂大家喔ＸＤ

鼻妹

雖然不清楚這不明生物到底為什麼可以上大學（是狗、是羊？還是老鼠？）但我嘴角一直不爭氣的失守。

四小折

看完真讓我懷念學生宿舍生活，但也不禁感嘆那是好遠的事啦（淚）

辛卡

看完這本書，你會覺得自己的一生其實是幸福的。

阿慢
你絕對不會相信這個人有多不幸!!

海豚男
看完猶如被微疼的壁咚衝擊，讓人想重念一次大學！

獅獅啾啾
我覺得這本書超煩XDDDDDDDDDDDD

毛毛蟲
看完只覺得很賤，很搞笑又北濫！紀念那些年，我們一起上大學的日子。

藍島
完全直擊笑點，笑到我停不下來，微疼的不幸就是你的小確幸。

目錄

543

預備起

就畢業紀念冊！有什麼好開心的啦？
你講一些大學的故事給我聽，好不好？
不要！
妳自己也是大學生阿！都嘛差不多。
不一樣阿，
我是夜校，完全沒有過到真正的大學生活。
阿好可憐阿！夜校生真的比較辛苦一點，
但我還是不想說！
畜生!!!

唉呦！
大學的東西，
還不就是那三個老梗。
哪三個老梗？
第一、課業
上大學本來就是要念書
如果放棄了就不能玩四年了。
第二、社團
可以增加社交能力，還能交朋友或是學一技之長的地方。

第三、戀愛
學弟❤
等一下!!!!剛剛不是還在練社團嗎?!
大學生活諸如此類，
妳挑一個我來講好了。
嗯……我想想唷
那你講你大學
戀愛的故事好了

來吧！快講，
讓我聽聽你的風流史。
我看就從課業開始吧！
我可是連續兩學期，經濟學都被當掉唷。
那有什麼好驕傲的！！
休想轉移話題！！！
其實妳是我初戀。
騙笑ㄟ！！！

那一晚，我招了

廢材篇

——進大學前大解放

我等了18年的時間！
就是爲了來享受那頹廢的四年！

廢渣養成的開始

在高三畢業那年暑假，
現在幾點啦
因為還沒公布分發學校，
我幾乎每天都睡到
中午十二點。
心滿~意足~
根本廢渣
而我媽就跟每個家長一樣
對於這樣的作息⋯
你終於醒啦！餓不餓阿，
我還在想說

你踏馬的還要睡到什麼時候
看你睡得這麼爽拎周罵還要早起上班養你就覺得莫名的超不爽呵呵
妳先別不爽嘛！我已經決定在分發公布前
先去找打工。
哎呀早說嘛！那你有想好要做什麼嗎？
其實做什麼也不重要！有賺錢媽媽可以幫你存唷！
我在想⋯⋯

我都要上大學了，
也要減少一點支出，
去打工賺點學費阿。
對阿對阿
可是去找工作難免也會需要油錢跟吃飯錢，
媽媽贊助一點也是應該的吧。
對阿對阿
對你個頭
混蛋
你還是想跟我伸手拿錢阿

被發現了

比宇宙塵埃還不如

混蛋!!! 爸媽根本不知道還沒分發學校，工作根本難找阿!!!
短期工根本沒人要阿
沒辦法阿
不確定能待多久的員工，哪有老闆敢用阿
哪像我們推甄上的，也怕課表不搭，還沒開學，老闆都不敢請。
我怎麼覺得妳在笑我
推甄沒上的人
不然我們去飲料店做暑期兼工吧，
暑假應該會缺短期工讀生。
好耶
你載我
靠!!!

餓
你快一點好不好
好啦！我盡量
靠妖
快一點啦！
如果工作被搶走怎麼辦？
知道啦！
快一點!!!
騎腳踏車妳是要多快啦!!!
呼
呼
呼
妳當做拎杯會飛唷!!!
最後終於到達時，
幹嘛不騎機車啦
熱死了啦
混蛋我聽到了
高中才剛畢業一個月，熊賀買得起摩托車啦!!!

當天我們到達了
台南一級戰區，
美食街
這裡的小餐館
跟飲料店
根本多到靠杯
好啦！那現在
開始投履歷吧。
那就讓我
打頭陣吧！
我這個台南
吳尊一出現
絕對讓老闆……
不行!!!
還沒確定學校
我們不要
被打槍
阿幹

我們店
不缺短期啦！
被打槍
哼！弱爆了
看來還是要靠我這個美少女出馬嘍。
阿靠不管了阿我們直接雙人出擊
這樣也好老闆看到你的臉我的贏面也比較大！
你們人很好，
但不適合我們店。
磅磅
第一次覺得自己活像個垃圾
靠妖
已經問10間了
沒人要

工作真的！超！難！找！

遇跪人的開始

該死!!!!新生就不是人嗎？
我詛咒你們全部倒店
新生就該死找不到工作嗎？
唉呀算了啦！
我們再想其他辦法吧。
好吧既然都這樣了
只剩下一條路可以走了。
我們就戴安全帽衝進銀行
借點錢來花
有種你自己去!!!

阿不然哩
現在全世界都不要我們啦!!
不然妳有什麼辦法阿!
怪我嘍?你這智障臉才讓老闆不敢請你啦!
那個不好意思
你們是不是在找工作阿?
要不要來我們餐廳，
我們有缺工讀生呢!
像天使一般的出現
阿阿阿阿
好好好好
阿阿阿阿
好好好好
阿阿阿阿
好好好好
那我先帶你們去店面

瞬間答應

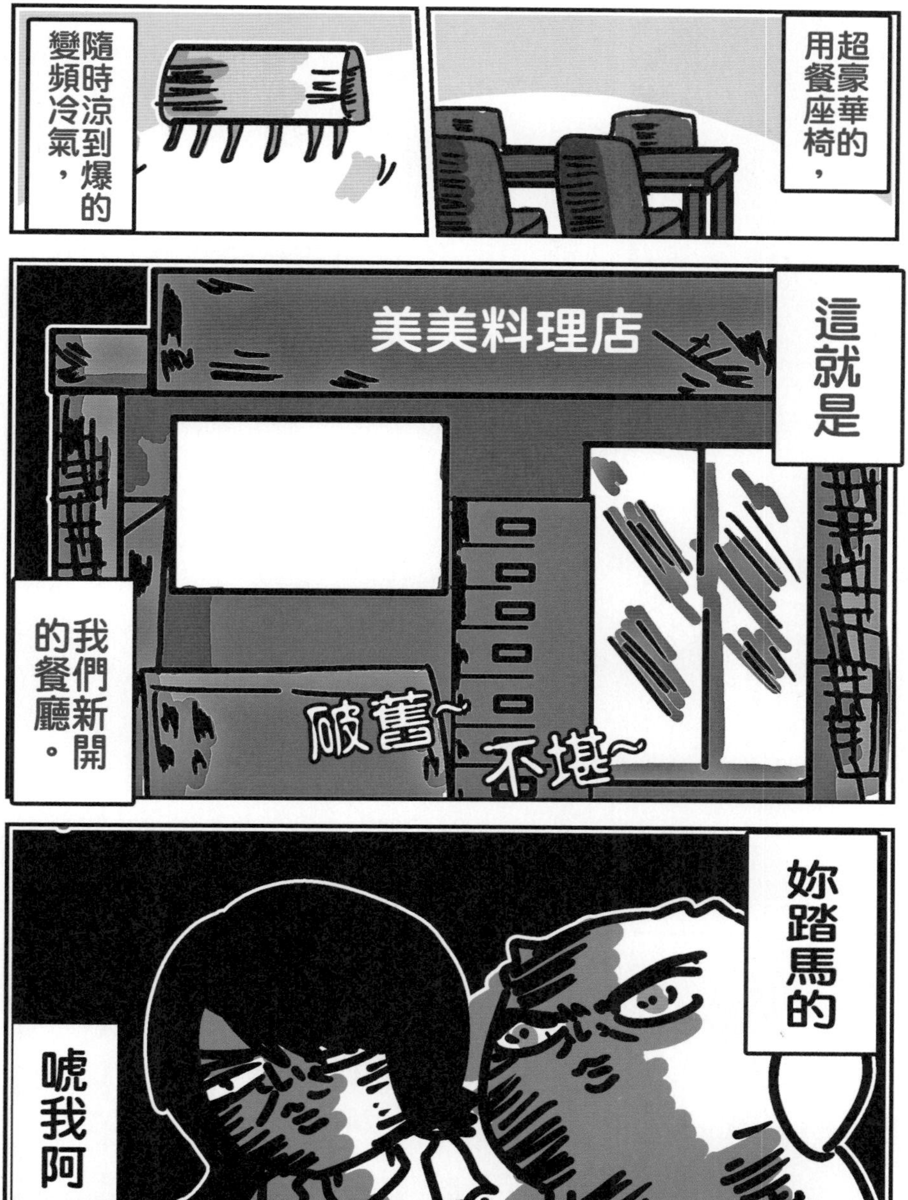
超豪華的用餐座椅，
隨時涼到爆的變頻冷氣，
這就是
美美料理店
我們新開的餐廳。
破舊~
不堪~
妳踏馬的
唬我阿

哈哈哈
那個店外面的裝潢是不是還沒有處理阿？
好像還有點髒髒的
唷這個你放心
我們老闆打算在正式營業前阿，
趕工把它整理好。
真的嗎？那什麼時候正式營業阿？
明天中午。
阿靠妖
妳真的在玩我的阿

這故事是真的!!

第一份工作來也

工讀生
什麼!?
老闆好～
對阿，老公，我剛剛在外面看到這兩個小朋友在找工作，
想說我們也需要人手吧。
你看這樣好不好？
不需要啦
可是我們…
我就說不需要咩

真搞不懂你在堅持三小
磅!!!!
明天都要開幕了一個員工都沒有只有我跟你累死誰阿
看、看老闆娘
這麼堅持的份上，
就先面試吧！說說你們是哪間學校的。
我學校還不確定
但很有機會是在台南。
我已經確定念長榮大學的。

這樣阿
嗯…
哈哈!!
我們兩個學校
幾乎都在台南
不管如何
至少也會中一人吧
你們兩個
我都不要
哈哈哈哈
我想過如果真
的要請工讀生
我也只想請
成大的學生辣
哈哈哈哈哈

老闆娘：你們兩個明天上班

結果就這樣，
上班那天還很猶豫到底要不要去
我們就正式上班了。
對了老闆阿
我都忘了問，我們店是賣什麼為主的阿？
哈哈你問到重點了
我們店賣的可是會讓學生為之瘋狂的，
燒肉粽
大哥你玩我阿

學生都嘛吃雞排，誰跟你吃肉粽

而最後就在我們夜以繼日
焚膏繼晷的付出之下
一個月後老闆跟我們說……
你們滾吧！
生意太差，我根本養不起你們。
去去
YA

其實結局我早知道

放榜早知道

大概在八月，學校的分發幾乎都會公布出來，
果然是這間阿
但對於學生來說，會落在哪間學校，其實早就心裡有底。
早在成績出來時，補習班就會幫你分析，
我們補習班的落點分析準度百分之九九趴啦
一次一百超好賺
但補習班人員情緒也很詭異，
麻煩你幫我分析
例如高材生去分析時，
哎呀!!!恭喜阿台清交成隨你選阿!!!
我的眼光果然沒錯
真的嗎？太好了謝謝你
自以為自己的功勞

你只是輸入資料而已啊!!

哈哈！沒關係啦！
私立又不是不好，一切都是要看自己後續的努力阿。
嗯嗯對阿
你說的真的沒錯，
其實這幾間學校風評都不錯阿。
但是不知道你有沒有考慮過，
加入
重考班呢!!!
甲賽啦

準備行李了

對於要到外地上學的朋友，
整理行李真的好煩
怎麼了不就包一包
全帶上台北就好
準備行李真的是一件非常煩的事。
我帶太多大包小包的到學校，
日常用品
衣服.錢包
筆電
根本就顯得狼狽又不好看。
室內拖
棉被.床套.內衣褲
要輕輕鬆鬆簡便像個型男，
就不能帶太多有的沒有的。
真的好煩阿。
其實你不用擔心這麼多
你踏馬哪裡像型男阿

那你幹嘛不會上知識家去問
帶哪些東西比較實用？
有阿
知識家裡有人跟我問一樣的問題——
如何帶最少的行李卻又可以滿足生活所需
最佳解答
結果，最佳解答是

帶提款卡阿
白癡

我是一個去年剛升大一的新鮮人，
我一個人獨自孤身到外地念書。
那時候因為學校宿舍安排的關係，
我跟另外一位室友住一起。
你好
你好~你是哪裡人呢
我的室友臉蛋很清秀，
卻有著很結實的身材。
我是台南人，你呢？

因為當天
我忘了帶毛巾，
所以直接跟
我的室友
借了一條毛巾。
結果當他
要拿給我時，
我在他的
行李裡看見了…

一大盒的
保險套
保險套
為什麼要帶保險套呢
還XL的
沒、沒關係
應該是他有女朋友吧。
這個問清楚就好了
不用怕，一口氣問下去！
那個，請問你有女朋友嗎？
沒有

馬的居然回答這麼快速還不假思索
沒女朋友幹嘛帶保險套啦吹氣球唷
我不應該想這麼複雜，應該直接了當問他，這樣才是友誼真誠的開端阿！
哈哈哈是唷
那我可以問，為什麼要帶那麼大一盒保險套嗎？
這個阿
我覺得到宿舍後，
可能會用到阿
三小

哈哈哈哈
太北爛了
怎麼
這麼好笑
好好笑
後續到底
怎麼了？
沒想到這則
貼文讓大家
這麼關心，
後來我跟
我室友就這樣
相安無事的，
交往了
快一年了。
我到底
看了三小

網友表示：真愛無敵

新生篇

——幻滅是成長的開始

一種既期待又怕受傷害的感覺無限展開

獨立的一小步

新生在開學前總要辦一些繁雜的手續，
比如說，
註冊報到。
財金系
國企系
有些人註冊報到是家長陪同，
或是情侶陪同，
哈哈哈哈
或是自己一個人。
拎杯是孤獨一匹郎

孫同學，自己一個人來註冊阿，
真勇敢呢！！跑這麼遠！
哈哈還好啦，
我從小就獨立慣了
原來是孤兒阿!!!
靠杯唷
而就在註冊當天同時，
來優~枕頭套唷
床墊唷
也會是搬宿舍的日子。
學校內都有攤販販賣寢具用品，

最熱賣的不外乎就是枕頭或是床墊，
但是價錢真的要多比較。
因為曾經發生・・・
我跟你說唷
我這床墊阿從原價兩千殺到一千三
有人比我便宜我切腹啦！
真的!!!
我才買一千而已

老闆：年輕人，你還太嫩了

同學同學幫個忙

就是啊，
因為今天搬宿舍，
但是我爸媽突然有事就回家了。
我可不可以麻煩你幫我一起搬呢？
好阿!!!當然沒問題我可是熱情的台南人
要幫你搬什麼!?
就是這個
彈簧床
我去你的

哈哈
那個可是……
這會不會
有點大。
還有阿，
我們兩個可能
搬不動吧。
阿不是
熱情台南人，
想縮唷
該死的
痾痾痾
痾痾痾
混蛋阿～
那我問你唷，
你的宿舍在
哪棟大樓阿
會不會很遠呢？
放心啦
不遠啦

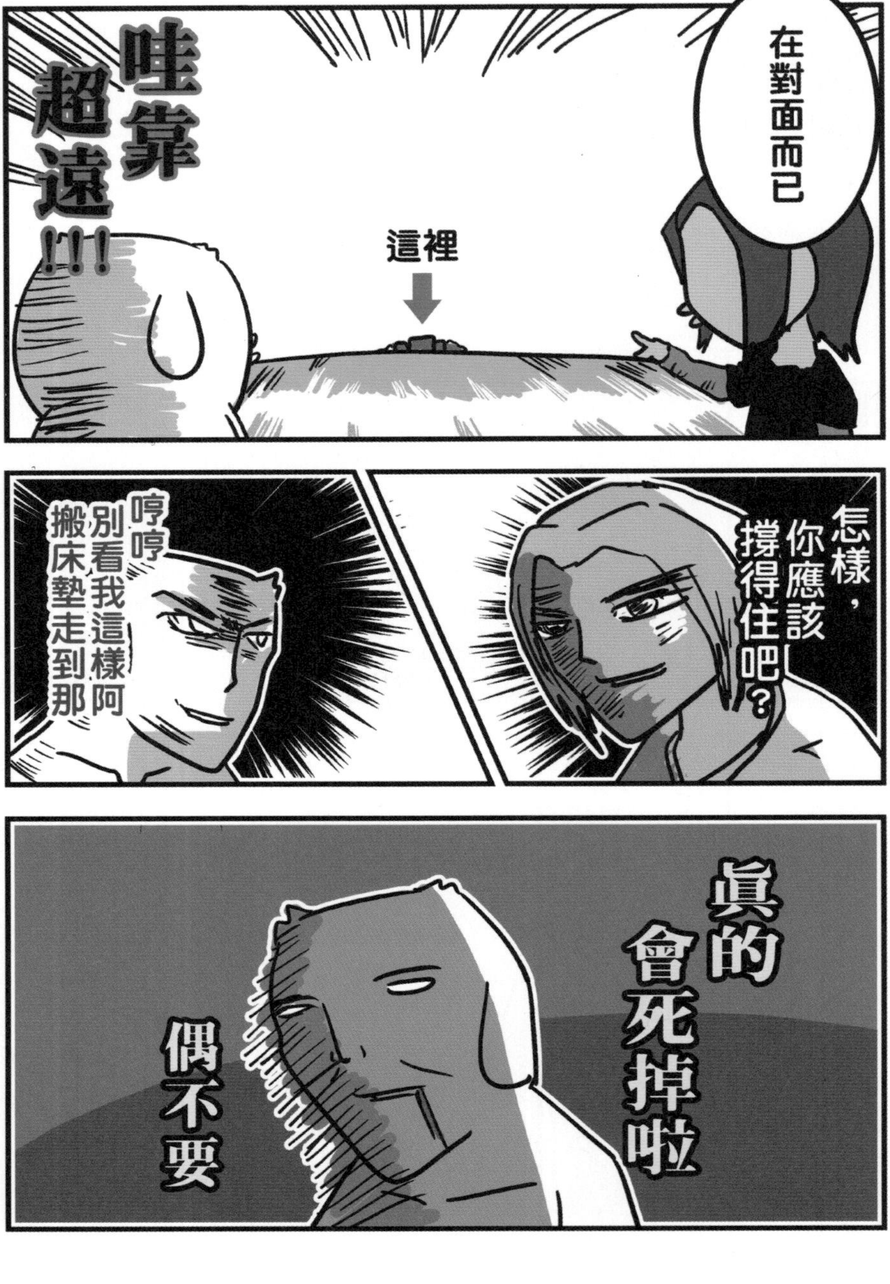
在對面而已
這裡
哇靠超遠!!!
怎樣，你應該撐得住吧？
哼哼 別看我這樣阿 搬床墊走到那
眞的會死掉啦
偶不要

最後我們兩個
就這樣一路搬，
在大太陽底下
像白癡一樣，
終於搬到宿舍。
暗陰羊
呼呼呼呼
我這輩子的
運動扣打
都用光了
加油！
剩下把床墊
搬到電梯
就好了。
靠!!!你要請
我吃飯。

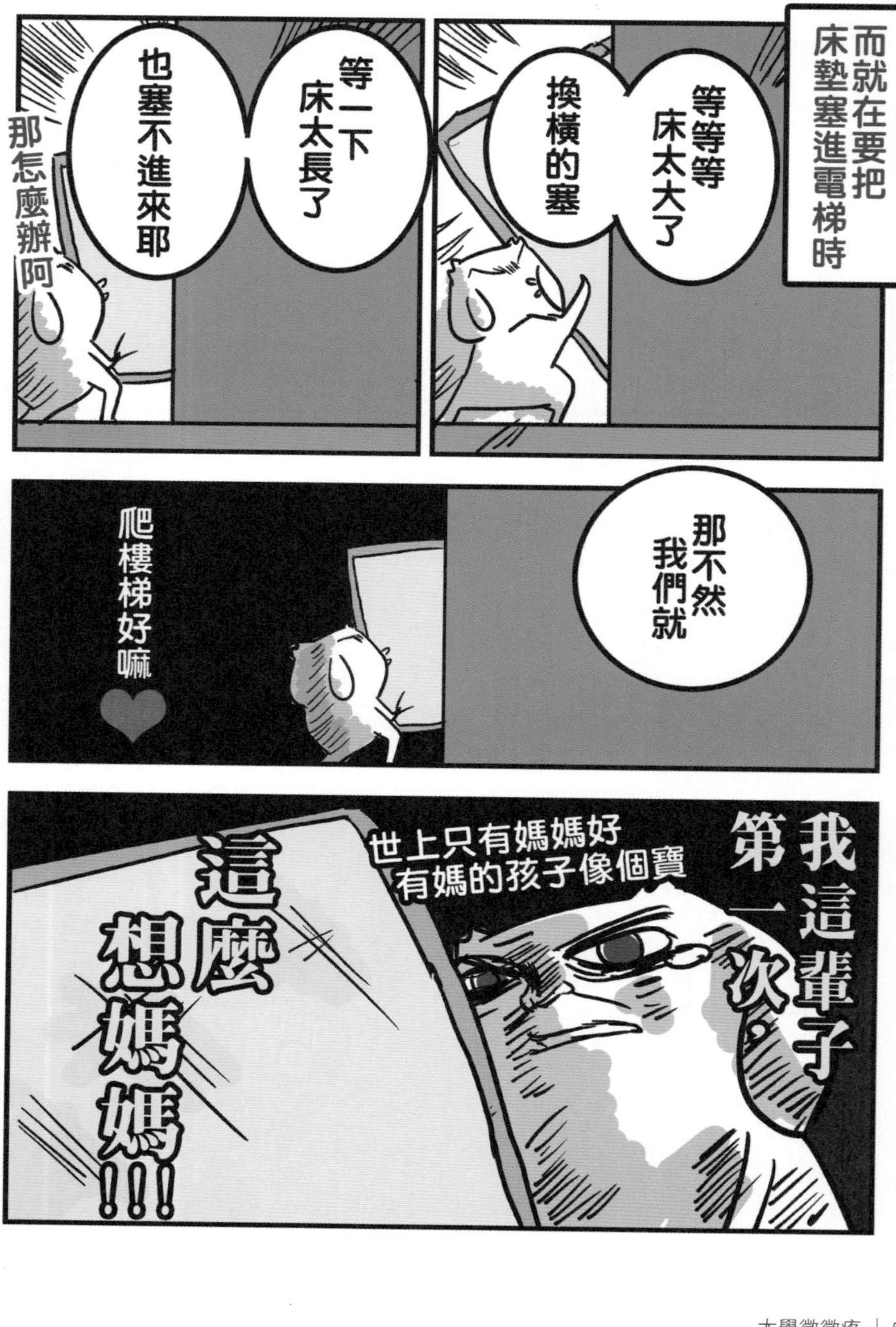

而就在要把床墊塞進電梯時
等等等床太大了
換橫的塞
等一下床太長了
也塞不進來耶
那怎麼辦阿
那不然我們就
爬樓梯好嘛
我這輩子第一次，
這麼想媽媽!!!
世上只有媽媽好
有媽的孩子像個寶

只維繫一天的友情

大家來自我介紹

一轉眼間
終於到真正開學的那天
哈哈哈終於要開始新的人生了
新的同學新的妹
我一定要主動出擊跟同學打好關係
這樣才可以免除
你好阿！我是本地人如果有問題都可以問我唷！
一開始不熟的尷尬。

住宿舍的人早就已經熟透了
聽說附近雞排還不錯吃耶
哈哈哈學校餐廳真的超難吃
沒住宿的反而被孤立
才怪
同學們要開始上課了，
我是你們的班導師，
未來四年請多多指教，
而現在我們就開始點名吧！
麻煩同學們都給我上來自我介紹!!!哈哈哈
我最喜歡看這種尷尬的表情惹
幹…
老梗

哎呀大家不要結屎面嘛，
這是快速了解彼此的好方法阿！
我們來自不同的環境背景
說實話
白癡唷，課本還沒拿到上什麼課？
這樣混一節課我還是有鐘點費阿！
呵呵呵呵

你！第一個上台！

說真的很多人不喜歡自我介紹的原因，
哈哈大家好我是微疼
是台南人如果有外地人有問題都可以跟我講唷很高興認識你們
除了要跟陌生人報告自己，更討厭的是整個氣氛根本…
沉默
靠!!這麼安靜守靈唷！
超尷尬
不然就是…
嗨大家好我是台北人，
如果有台北人也可以跟我認識一下，
放假一起搭車回去唷

好了換下一位
自顧自聊
@X#%$
我們等等去吃飯好不好
大家好我是粉粉，嘉義人。
希望可以跟大家相處愉快唷。
有雞雞錯了嗎
好阿妳好阿
啪啪啪啪啪
很高興認識你阿!!!

不過還是有些同學
比較特殊
大家好，我叫應中，台中人，
至於其他，興趣嗜好你們就沒必要知道了
我告訴你們再過一年我就會轉學考回去台中!!!
我才不會跟你們在這裡爛下去哈哈哈哈
老師的反應
靠妖

同學的反應
沉默
靠妖這傢伙，
來真的。
就這樣，這位同學默默的走下台，
沒再說一句話。
咑咑咑咑咑
不過我想，他有這樣的勇氣說這些話，
應該也有一定的決心了，希望未來他可以
有自己的成就

你怎麼還在這？

夢想破滅的第一步

說到上大學，
你第一個會想到什麼？
每天睡到自然醒。
隨意安排自己的生活。
或是談一場刻骨銘心的戀愛。
哈！不管怎麼樣！我終於可以擺脫高中生活，
自己的生活自己作主！

放屁啦
自然醒?甲賽啦!
這一切都是幻想!!
就如選課來說,
你昨天搶課有選到想要的嗎?
沒有阿老師太搶手了
大學生的課程都會經由選課來排成,
選課阿好期待
也就是自己安排自己想要上的課程,
我也一定要搶到很爽的課!!!
也是一種為自己負責的方式。

您的選課已完成
三小，我還沒選選耶！
你不知道嗎
新生課表都會由學校安排，
等二年級後再自己選課。
原來如此阿
沒關係，
那我來看看我一個禮拜哪幾天不用上課!!!
1 2 3 4 5
幾乎全滿阿
(紅格就是要上課)

又或者是在買課本時
同學請聽我這邊，會計的原文書課本
我這邊做團購可以比較便宜以有需要的人可以找我登記。
不好意思，那一本書是多少錢呢？
兩千塊
哇靠!!!

靠妖銀行在路口去搶啦!!!
我窮到都快賣屁股了不買行不行!?
可以阿
老師也有說
如果你覺得課本太貴不想買也沒關係。
期末被當掉
就不要怪他!!
阿幹

原文書的進化史

說到原文書，
大部分的人都會
有類似的進化史
在大一的時候，
通常會乖乖
花錢買原文書，
而且每科都買，
絕對不會漏掉，
拿到書的時候
還會有種身為
知識分子的感動。
而就在真正
翻開書，
感受當大學生
的真諦時…

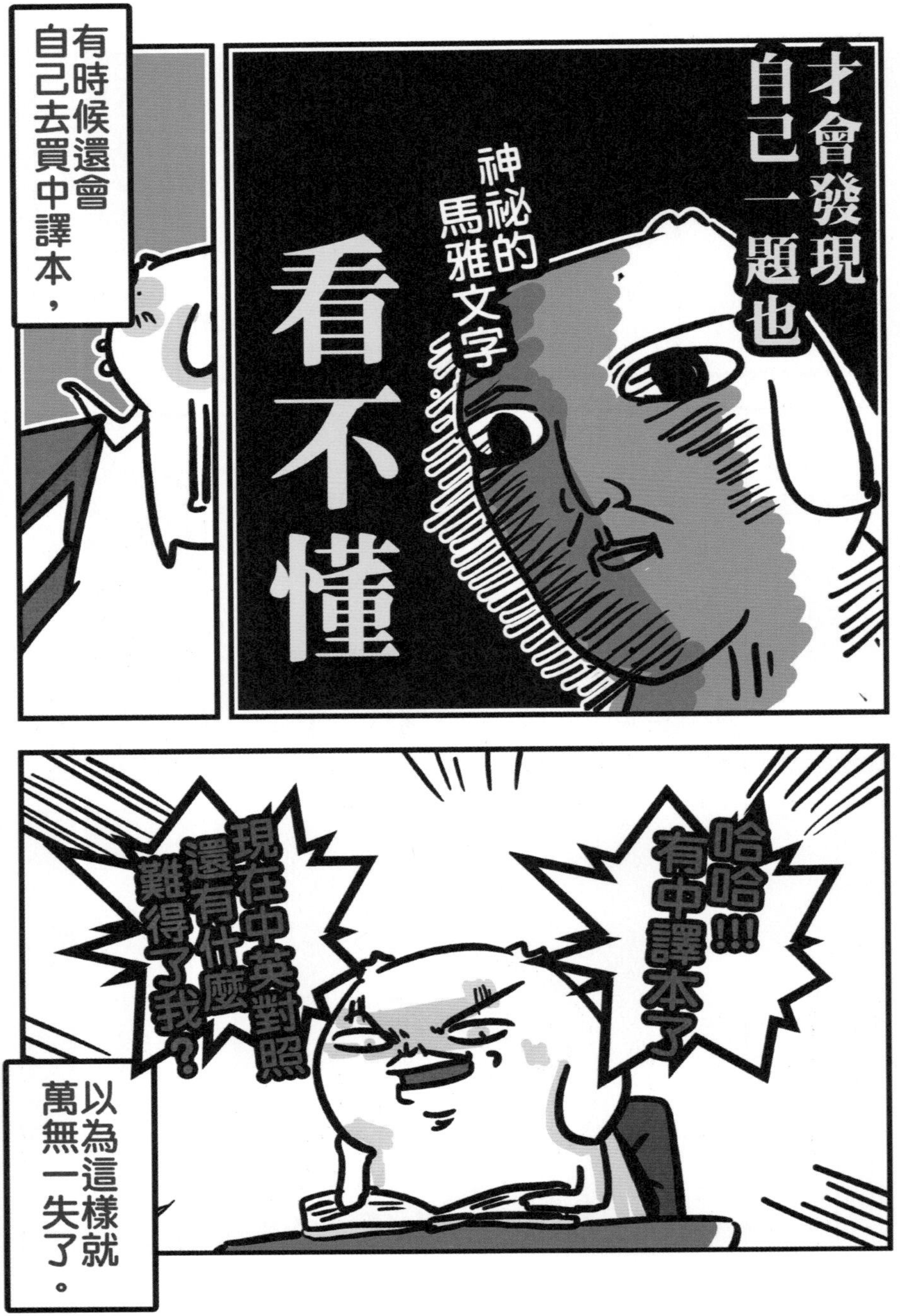

才會發現自己一題也
神祕的馬雅文字
看不懂
有時候還會自己去買中譯本，
哈哈!!!有中譯本了
現在中英對照還有什麼難得了我？
以為這樣就萬無一失了。

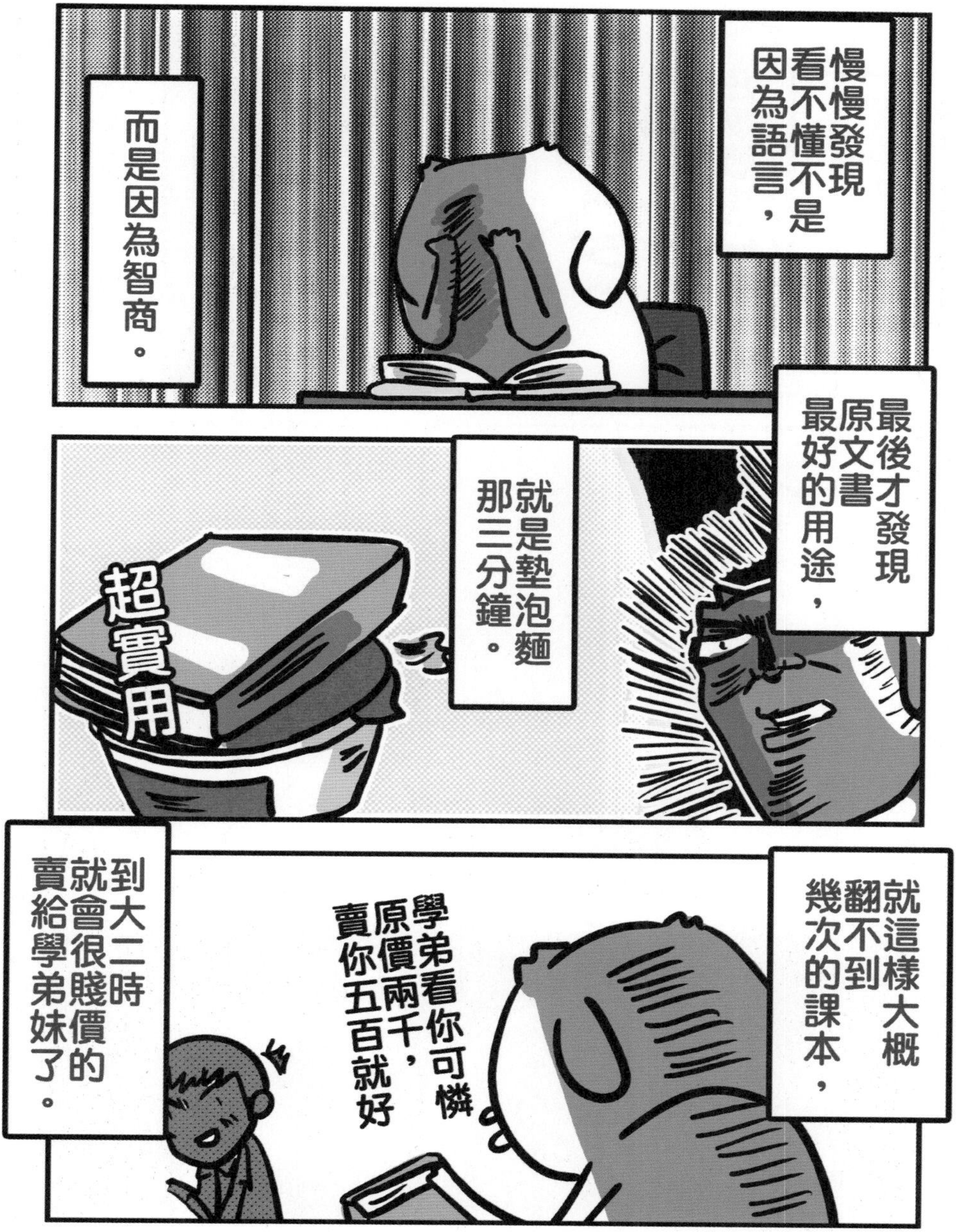
慢慢發現看不懂不是因為語言，
而是因為智商。
最後才發現原文書最好的用途，
就是墊泡麵那三分鐘。
超實用
就這樣大概翻不到幾次的課本，
學弟看你可憐原價兩千，賣你五百就好
到大二時就會很賤價的賣給學弟妹了。

有雞雞錯了嗎

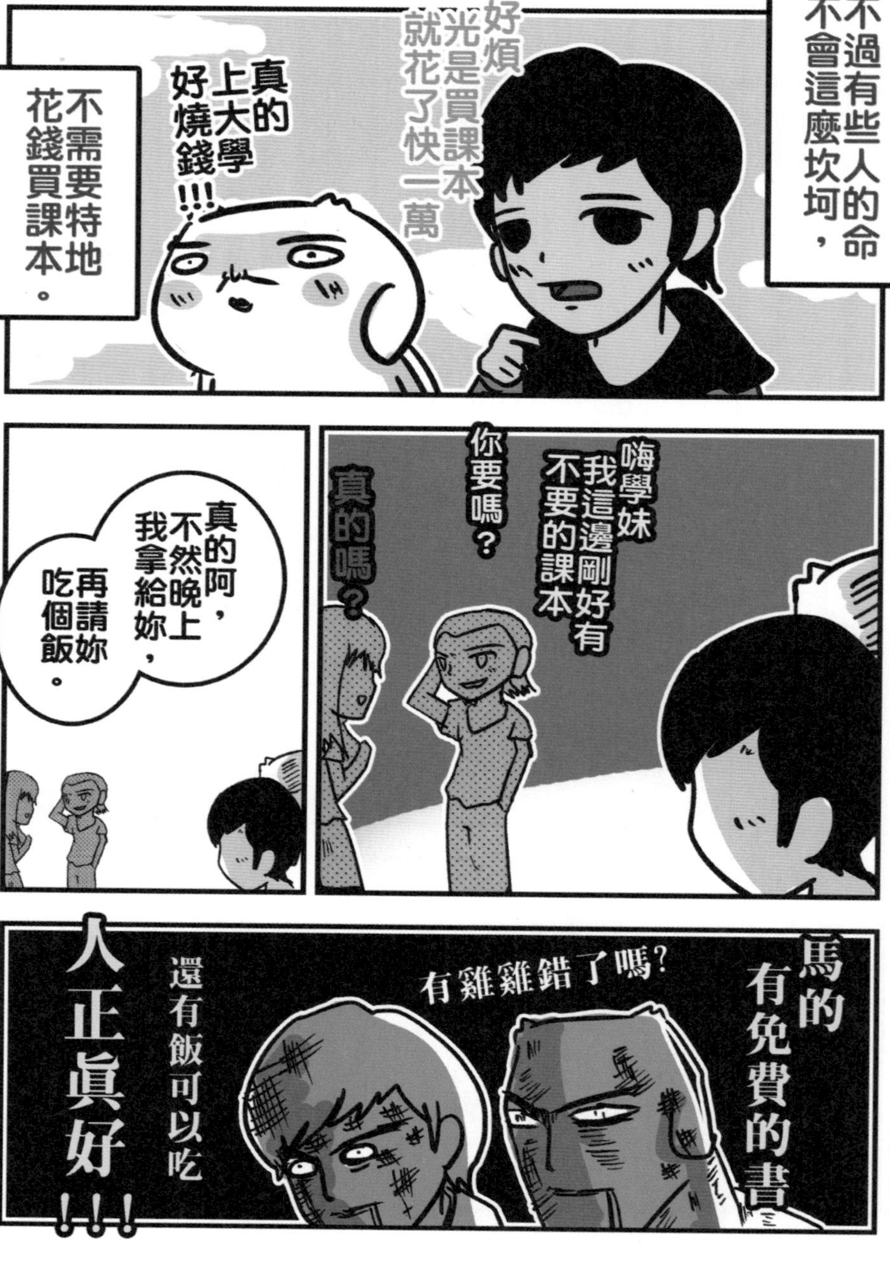

不過有些人的命不會這麼坎坷，
好煩 光是買課本就花了快一萬
真的 上大學好燒錢!!!
不需要特地花錢買課本。
嗨學妹 我這邊剛好有不要的課本 你要嗎？
真的嗎？
真的阿，不然晚上我拿給妳，再請妳吃個飯。
馬的 有免費的書
有雞雞錯了嗎?
還有飯可以吃
人正眞好!!!

學弟！
真好，我也想要送我書的學長
誰叫我？
是我，
我是你的直屬學長。
學長阿，你找我我有什麼事阿？
這本原文書，我已經用不到了。
送給你！

後來，我拿了書就跑 QWQ

宿舍篇

——要廢就要一起廢

這輩子我只怕兩種室友
一種是很做自己的
一種是味道很濃的

宿舍潛規則

哈哈哈哈!!
白癡耶
居然還被搭訕!!
笑屁阿!!!
這可是我人生
第一次被搭訕耶
不過阿，
前面這些我也
都有經歷過阿。
有沒有比較
特別的阿
有阿
說到大學生活
不能不提的
一定就是‧‧‧
宿舍生活
共用書桌
上下鋪

什麼阿
宿舍有什麼好聊的，不就一群臭男生。
妳別傻傻的，我跟妳講，如果學校是個身體，
那宿舍就是它的靈魂。
而且每間學校宿舍都不同
有些是四人房有些就是兩人房
奇怪，
那四人房跟兩人房差在哪裡？
差在價錢

靈魂也是有貧賤之分的…

而且妳別以為住宿離開家，就沒人可管，
還是會有人監視妳的
宿舍一般來說都是一層樓好幾間房
而每一層樓都會有一個負責管理的
樓長
學弟，我跟你們說
從今天開始你們這一寢就負責
打掃全部的廁所浴室，
一個禮拜。

都喜跌!!?
為什麼阿我們不是有付住宿費、清潔費了嗎?
是有給付,但那不包含廁所浴室。
不只你們,每個寢室都要輪流打掃,
如果不掃也可以,
就直接登記,
積點
記警告

而宿舍規則還不止打掃
哈哈我出同花順換你
學弟開門我樓長
磅磅磅磅磅
阿謀金罵戲哩
欠揍臉

學校規定晚上十點，
都會給你們晚點名！
這哪招!!?
學長，那個我想問，
如果晚點名不到
或是門禁前沒回到宿舍會怎樣嗎？
點名不到登記、積點記警告
過門禁不歸…
直接記警告通報家長!!!
我O你的!!!一直在威脅我們阿

從頭到尾一直在嚇你！

愛心宵夜蜘蛛人

就在大一的某一天夜晚
老上海
我在市區買完鹽酥雞…
喂喂 你在哪裡阿？
我剛買完鹽酥雞阿！要回宿舍了
是唷 你剛買完唷
還在那附近吧!!
也幫我
買一份
阿罵哩

因為這樣我又重新排了一次隊
等到終於買好時，
又打來
RING
你買完了沒？
買完了啦！要回去了找我幹嘛？
我跟你說唷
吃炸的是不是很容易口渴？
對阿
吃炸的是不是很油膩？
對阿
那你回來順便買兩杯綠茶喝❤
畜生…

男生宿舍
糟糕了!!已經過了門禁
不知道還能不能進去
學校應該沒這麼硬吧？
嗶嗶
毫無～動靜～
哈哈!!應該是感應不良吧
再試一次
嗶嗶
還是不動～

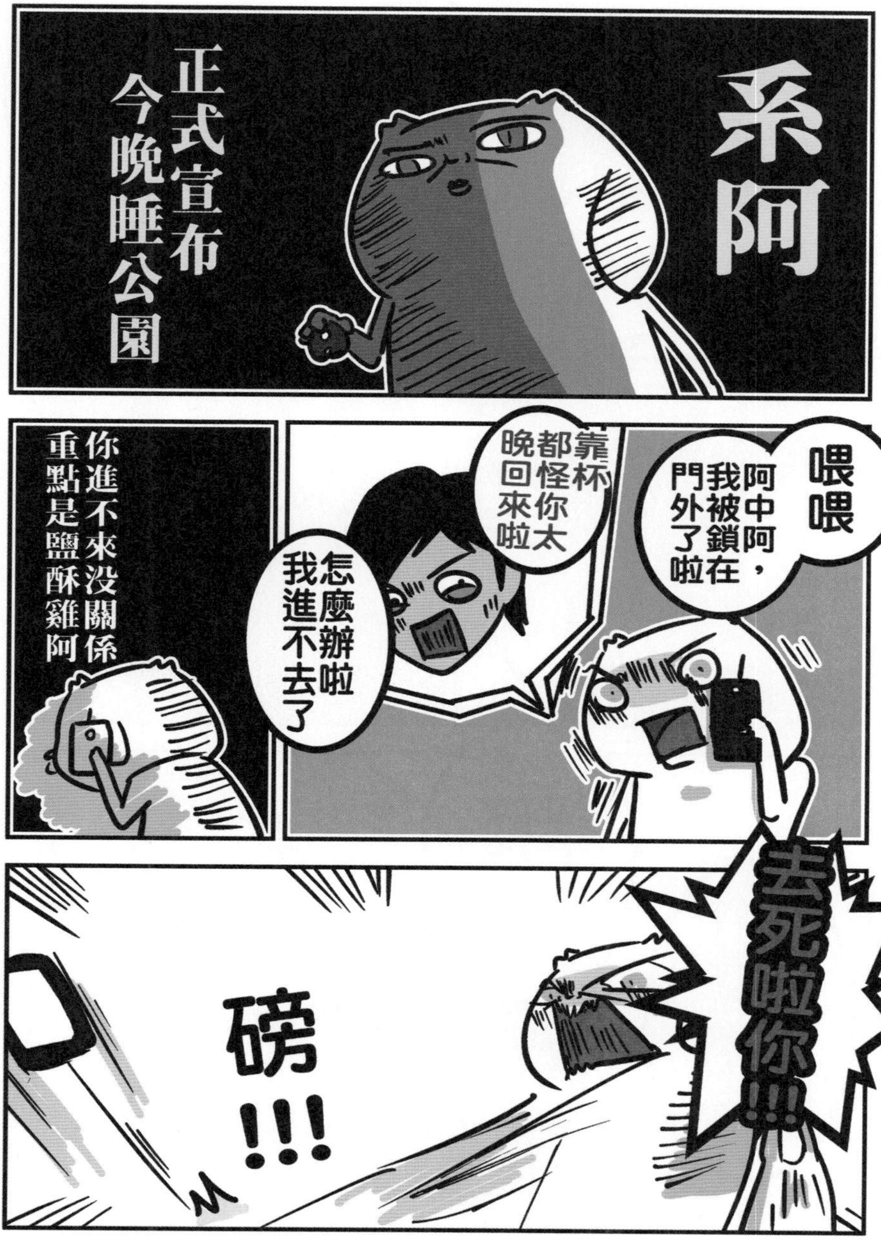
系阿
正式宣布
今晚睡公園
喂喂
阿中阿，我被鎖在門外了啦
靠杯都怪你太晚回來啦
怎麼辦啦我進不去了
你進不來沒關係
重點是鹽酥雞阿
去死啦你!!!
磅!!!

好啦現在不是吵架的時候，
你先到宿舍後面的窗口我們想辦法救你
窗口～窗口
白癡唷這裡啦
丟
你先把飲料跟食物放籃子，
聰明耶
我們先拉上去，
等等拉你上來才不會太麻煩

你要小心點耶
餒餒換我嘍
知道啦
快點啦
你快一點啦
快上來啦
!?
夜巡教官
好啦，我知道啦

你如果不快點上來，
等一下被教官看到就麻煩了！
哈！教官！拎杯才沒在怕的！
有種叫他現在來找我阿！
我現在就過去找你！
樓上的給我下來！

阿靠妖

微不信

忍氣吞聲才是王道

妳看吧，宿舍生活
是不是很白癡阿？
白癡的是你吧
就算住在宿舍有規矩限制
那也就像在家裡被爸媽管吧
真不知道該說妳天真還是笨
雖然住宿，不用給爸媽管
吃泡麵吃泡麵～
但是在外面跟人相處，
卻要格外小心吃虧。

加完調味包了
準備泡泡麵吧
嗯！你去吧
你不一起去泡嗎？
不用阿
那你怎麼吃？
你都站起來了，
就順便吧
畜生

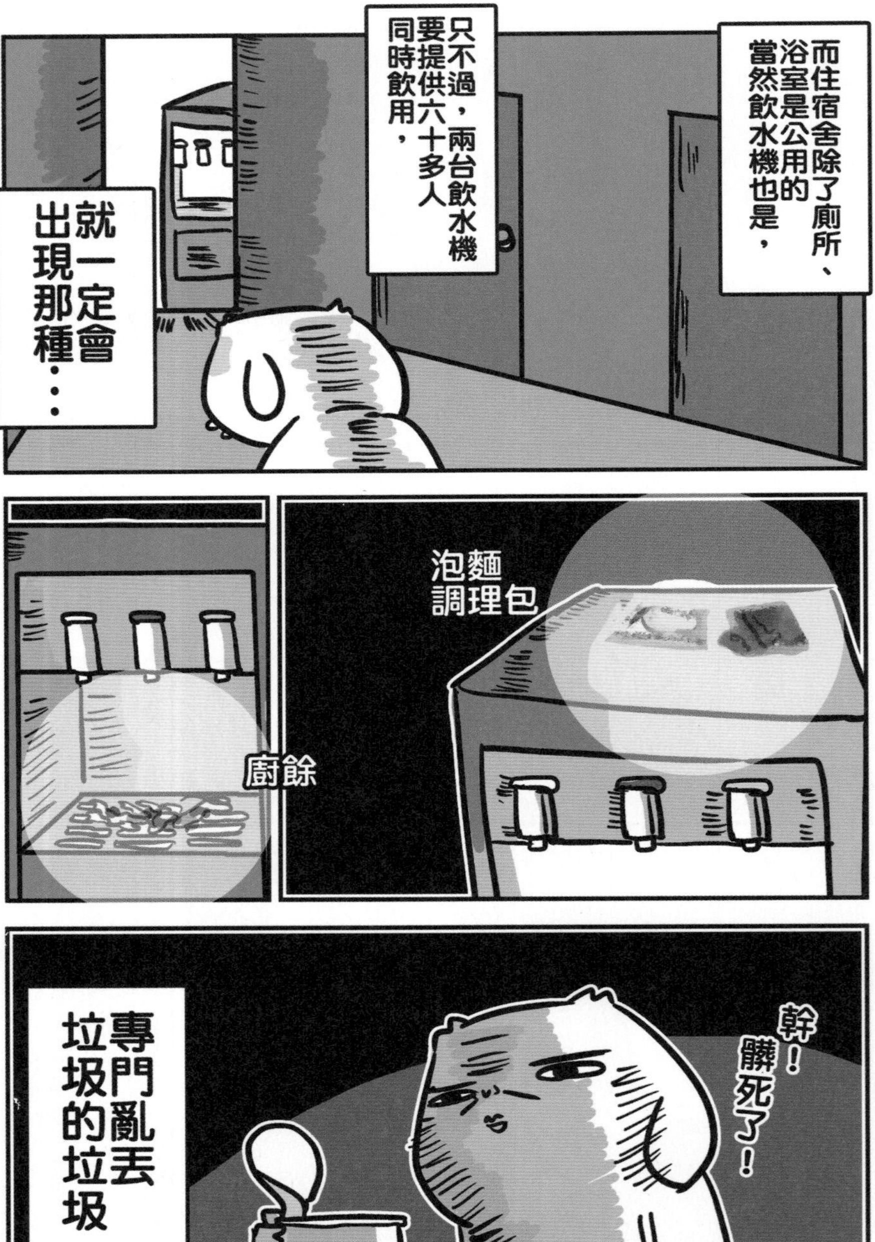
而住宿舍除了廁所、浴室是公用的，當然飲水機也是，
只不過，兩台飲水機要提供六十多人同時飲用，
就一定會出現那種……
泡麵調理包
廚餘
專門亂丟垃圾的垃圾
幹！髒死了！

真搞不懂，
自己的垃圾自己丟，很困難嗎？
不管了先泡麵吧
刷～～～
學弟
嗯

你那個調理包不要丟在那邊，
拿去丟掉!!
阿不是啦！學長！
這個不是我丟的，
不知道是誰留在這邊，
然後我來裝熱水才看到的。
那你是丟
還是不丟

你這臉我怎麼敢不丟！

一起洗澡吧

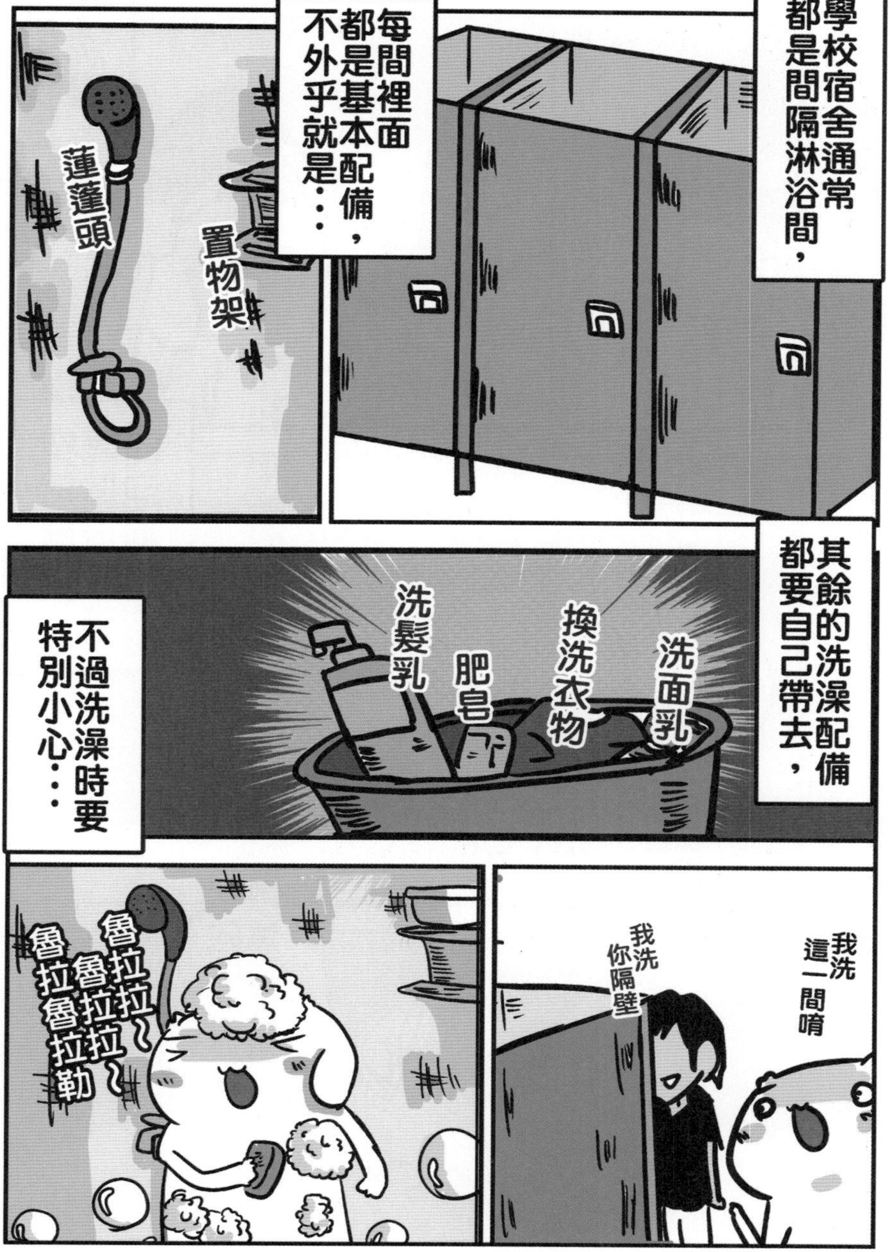
學校宿舍通常都是間隔淋浴間，
每間裡面都是基本配備，不外乎就是…
蓮蓬頭
置物架
其餘的洗澡配備都要自己帶去，
洗面乳
換洗衣物
肥皂
洗髮乳
不過洗澡時要特別小心…
我洗這一間唷
我洗你隔壁
魯拉拉～魯拉拉～魯拉魯拉勒

有天我正在洗澡，
好燙阿真爽～
擦擦
突然發現隔壁流過來的泡泡．．．
咦!?
阿中！你換沐浴乳唷
沒有阿
踩

那你換了洗髮乳唷
也沒有阿
袜假唷
不然現在流過來的水是什麼？
踩踩踩
啪啪啪
那是我剛剛尿尿，
不小心流過去的啦！
企系啦!!
呃

我踩的還是溫溫的呢！

此時此刻
女生浴室
傳來的災情
幹
阿阿阿阿阿阿
是誰
月經來了辣

室友的品格

什麼阿髒死了
說實話，尿尿在浴室的人是你吧？
我像是那種人嗎？
像！
但是除了這些，跟室友的相處應該都融洽吧？
畢竟要相處一年耶。
事情沒那麼簡單啦
就簡單拿衛生紙來舉例

我曾經在放假前，拆了一包全新的衛生紙放在桌上，
就這樣過了一個週休⋯⋯
我一包全新的兩百抽衛生紙
就變成
隨手包了
拎老師哩
20抽
最常遇到的是那種貪小便宜的人
我要洗衣服要一起嗎？
好阿

阿！我的洗衣精剛好用完了。
那你用我的吧！
真的可以嗎？
沒關係啦反正我還剩很多阿
謝謝你
三天後
那個，可以跟你借洗衣精嗎？
問完再借
好阿！放我床下自己拿。
三個禮拜後
借完再問
餒洗衣精我剛剛拿去用嘍。

三個月後
餒洗衣精用完了記得要去買阿！
畜生
什麼阿，就只是洗衣精而已
真小氣耶你
都妳在嘴！
不過你們衣服為什麼不用洗衣機洗阿？
哼哼傻傻的妳
宿舍洗衣機，都不知道被用過幾年了。
髒髒舊舊

而且一次洗衣
就要三十塊
也不知道上
一個洗衣服的人
到底洗了什麼
更重要的
我內褲
被偷過
害羞個屁！
衣服還有
可能被偷
10

討厭室友的類型

迷霧型

整個房間都
是我的吸菸室

你不覺得
味道很臭嗎？

順便型

幫一下忙
又不會死

你倒垃圾
順便幫我倒
你自己不就
是個垃圾

死人型

一睡覺跟死了沒兩樣
鬧鐘永遠吵醒別人

幹！
起床拉

閃光型

把情人帶回宿舍
直接閃瞎你的眼

靠妖型

不管別人做什麼
都要靠妖一下

唉呦
買飯居然
不講的
難道我是
台南吳尊
也要讓你知道

任我行

音樂永遠最大聲
以為只有自己住

真太美～
僅關再威顯
幹
你是沒
室友膩

早起的理由

妳不要這樣看我好不好
我也不是很願意阿
不然到底是為了什麼要早睡早起阿？
為了學習。
靠妖真的啦
妳那什麼眼神?!
學校為了不要讓學生每天熬夜通宵，
有些宿舍會在十二點後關燈斷網路，
或是故意把必修課排在早上第一節。

如果以上都沒用的話，
還有一個必殺技就是
服務和學習
現在的大學好像都有這堂課，
只是名稱略有不同。
什麼阿聽都沒聽過
這堂課的主旨
就是在服務別人的過程中來體驗學習。
簡單的說就是要…
幫忙打掃學校
不就是掃地工作嗎!?

P.S. 每間學校的規定不同

必修掃地是哪招

唉呦，妳不懂啦！
高中時的掃地工作，
和自己班上同學一起，
自己負責自己的地區就好。
不然就是同學之間互相幫忙
而大學的掃地工作
是要跟陌生人一起⋯
掃地區域公布欄
A區 B區 C區

學弟妹們，你們好，
我是負責你們掃地區的學長。
以後早上七點十五會點名。
點名未到缺席過多，
沒掃乾淨。
我是不講情面的，
所以也別找我關說。

大家就開始，照區域打掃吧。
嗨你好阿 我是跟你一組的，
你好
我們兩個要掃的地方很大，可能要快一點唷。
不好意思，我先打給我女朋友一下。
很快就好
好阿你盡快唷。我先掃地！
寶貝是我

好阿~
我當然愛你
拖地
噗滋
你也愛我嗎
晚上想去哪裡阿
倒垃圾
阿寶貝
我要掃地了
掰掰
掃完了

不好意思，
一講就忘了時間。
不會啦，人之常情阿哈哈哈哈！
你們打掃區域我都看完了，
很乾淨。
哈哈哈當然阿，我們掃得很辛苦耶。
隔天
今天我們就一起努力！
好的，一起掃吧！

拎拎~拎拎~
拎拎拎~拎拎~
喂寶貝阿
我沒有在忙
沒關係你說啊
畜生
來這招

第三天
混蛋，今天不管怎麼樣，我都一定要他去掃地。
兇一點嚇嚇他
在那邊阿
餒同學阿我說你…
什麼?!
我不掃宿舍就要記警告?!
那樓長昨天是被修理的不夠對吧
敢叫我掃地等等回宿舍給他好看

混蛋
好可怕
怎麼辦？難道我就注定悲劇・・・
就在這一瞬間
妳們，好，
我是負責你們
叮
阿哈阿哈對了我可以找學長阿
叫他去警告那個混蛋
不要不掃地我也沒損失
反正被揍的也不是我

什麼阿？有人不掃地阿？
對阿對阿
哼～這就交給我吧。
這種新生我見多了。
拎杯才沒在怕啦
告訴我是哪隻兔子在那裝死
學長就是那隻兔子
唷唷，是他阿。

學長快去警告他阿！
學弟，你知道嗎？
其實掃地區域不大，
你一個人掃也可以阿。
更何況，他講電話應該是有重要的事吧
幫忙一下又沒有關係
而且我跟你說阿。

他說要修理的樓長，
就是我
對不起，我也在躲他，
拜託你忍到下一次換工作就好。
要忍多久？
三個月
幹

就這樣
茹苦含辛，
終於熬過
三個月。
萬歲!!!
終於換
掃地工作了!!!
終於脫離
那混蛋了
這三個月
根本都是我
一個人在掃
學弟
恭喜阿，
要換掃地
區域了。
學長這次幫
你安排一個
不錯的工作。
真的嗎

而且這次掃的範圍不大，
萬歲～～
只要你一個人掃，
不會有人扯後腿。
萬歲～～
只是比較髒比較臭，
比較累而已。
哩公三小

可是學長我之前都忍這麼久了
難道不能照顧一下學弟？
男廁
不爽的話
就去重修阿。
混蛋
原來是掃廁所阿
我還以為有多累

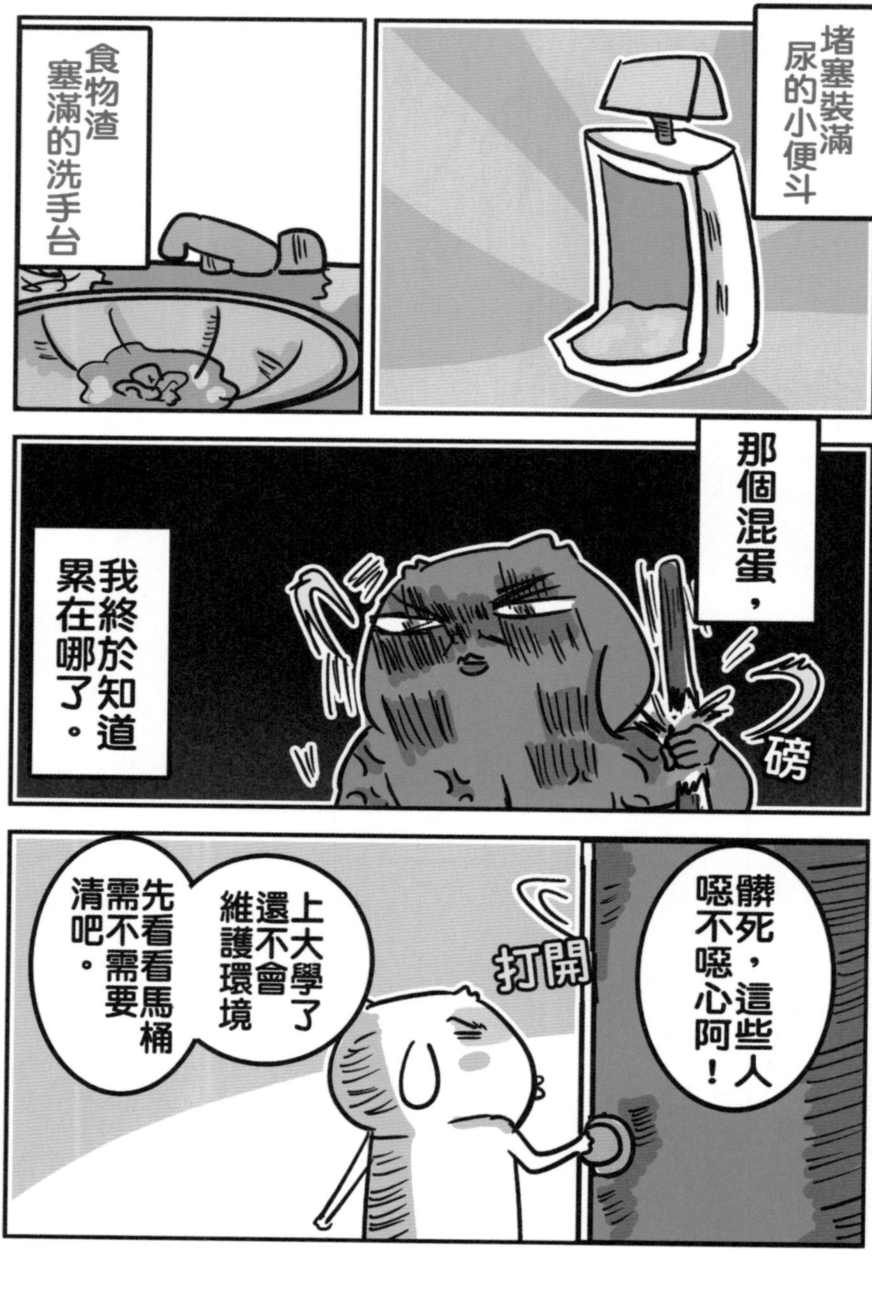

堵塞裝滿尿的小便斗
食物渣塞滿的洗手台
那個混蛋，
我終於知道累在哪了。
磅
髒死，這些人噁不噁心阿！
打開
上大學了還不會維護環境
先看看馬桶需不需要清吧。

磅!!!
關上
您已中毒請解毒
爲什麼要逼我
好臭阿
到底是誰啦
為什麼拉屎可以拉到牆上
為什麼!!!

最後終於準備好裝備上戰場
看我的絕對防禦
學弟阿，我跟你說
你這間有一個小便斗
被堵住了，裡面都是尿對不對。
對阿
等一下會有水電工來修理，
所以你等等記得
要把尿都撈出來唷！
拎阿罵哩

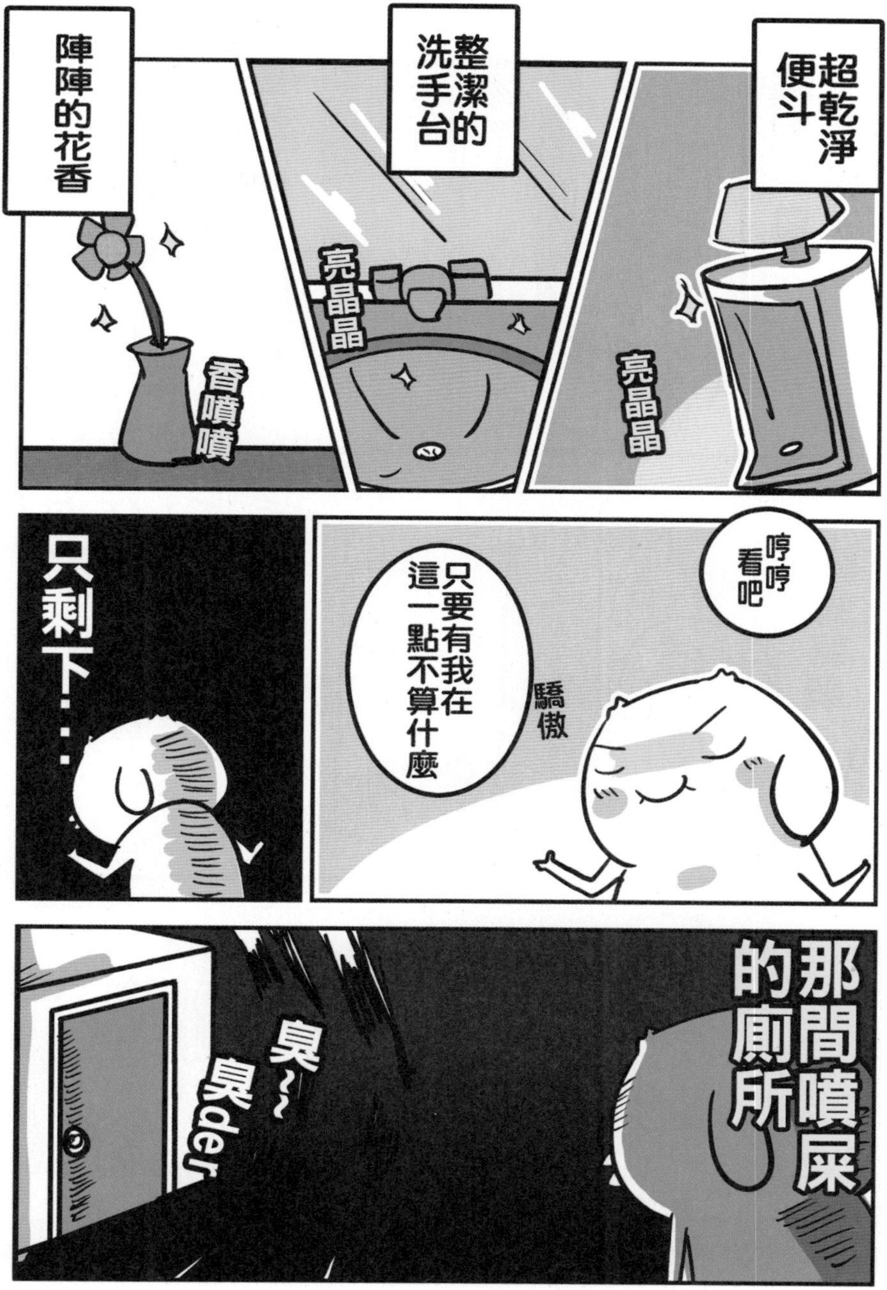
陣陣的花香
香噴噴
整潔的洗手台
亮晶晶
超乾淨便斗
亮晶晶
哼哼看吧
只要有我在這一點不算什麼
驕傲
只剩下……
那間噴屎的廁所
臭~~
臭der

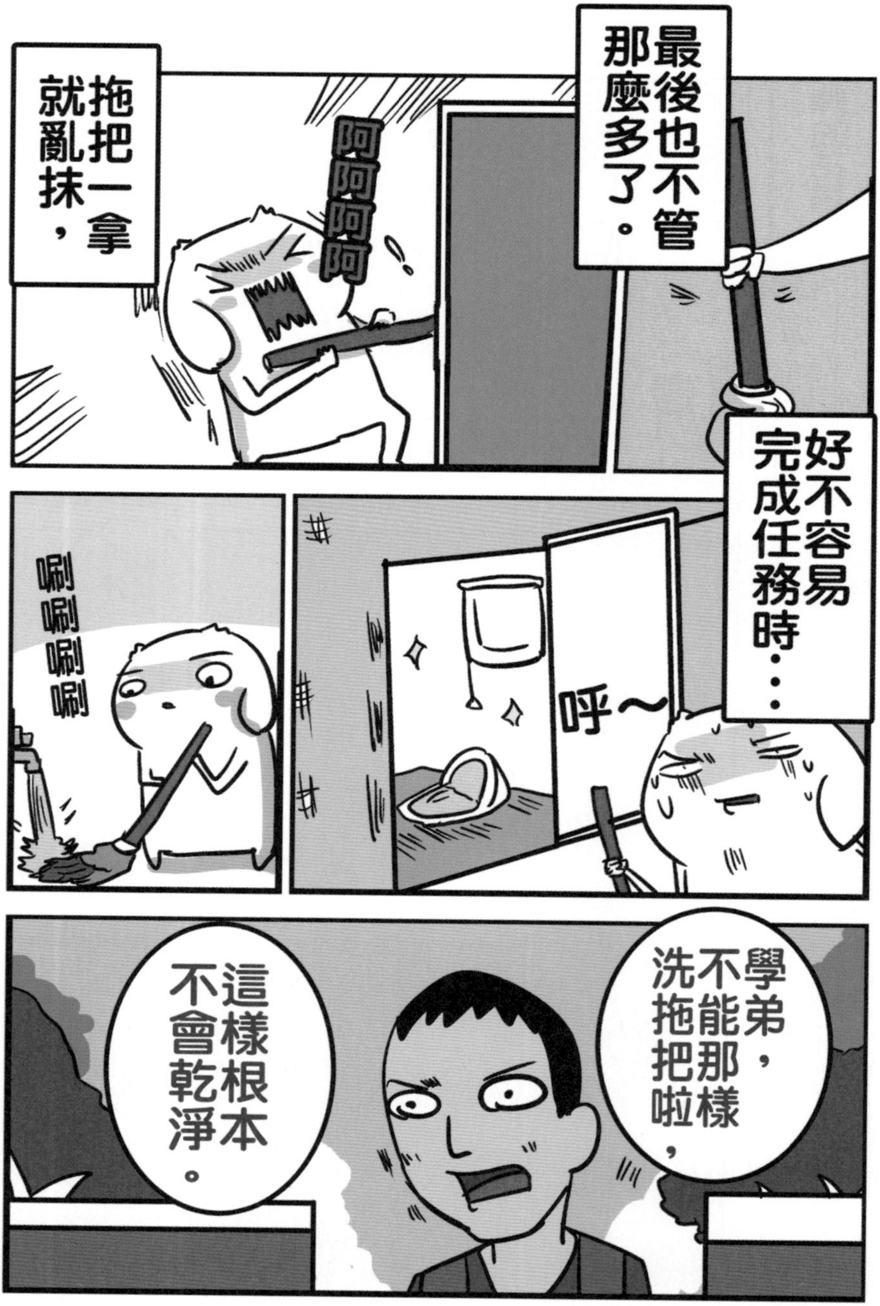
最後也不管那麼多了。
拖把一拿就亂抹，
阿阿阿阿
好不容易完成任務時⋯⋯
呼～
唰唰唰唰
學弟，不能那樣洗拖把啦，
這樣根本不會乾淨。

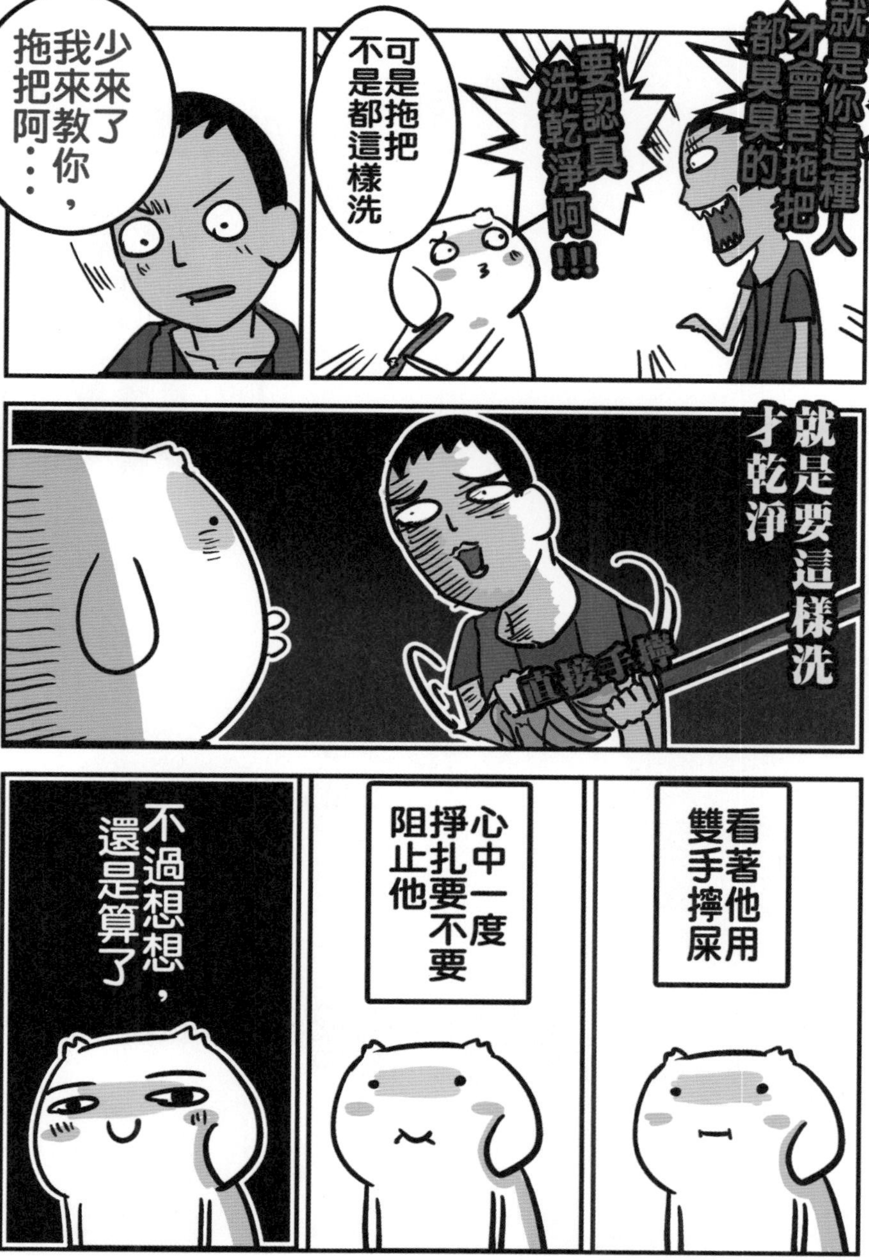
就是你這種人
才會害拖把
都臭臭的
要認真
洗乾淨阿!!!
可是拖把
不是都這樣洗
少來了
我來教你，
拖把阿…
就是要這樣洗
才乾淨
直接手擰
看著他用
雙手擰屎
心中一度
掙扎要不要
阻止他
不過想想，
還是算了

你活該！

結果
這樣你懂了吧
以後就
這樣洗拖把
幹被滴到臉
甩手
阿阿阿阿阿阿

不要講鬼故事給住宿的人聽

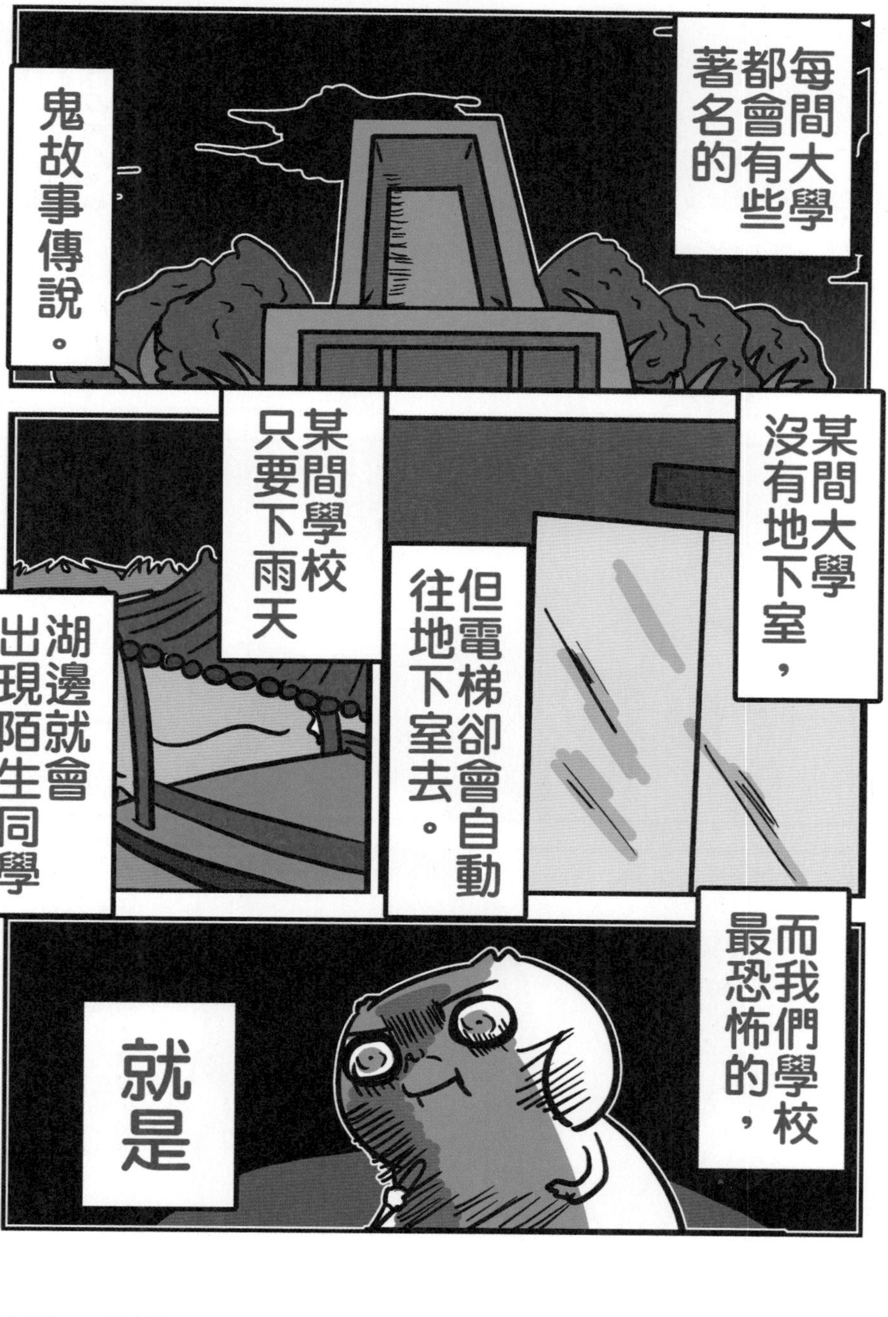
每間大學都會有些著名的
鬼故事傳說。
某間大學沒有地下室，
但電梯卻會自動往地下室去。
某間學校只要下雨天
湖邊就會出現陌生同學
而我們學校最恐怖的，
就是

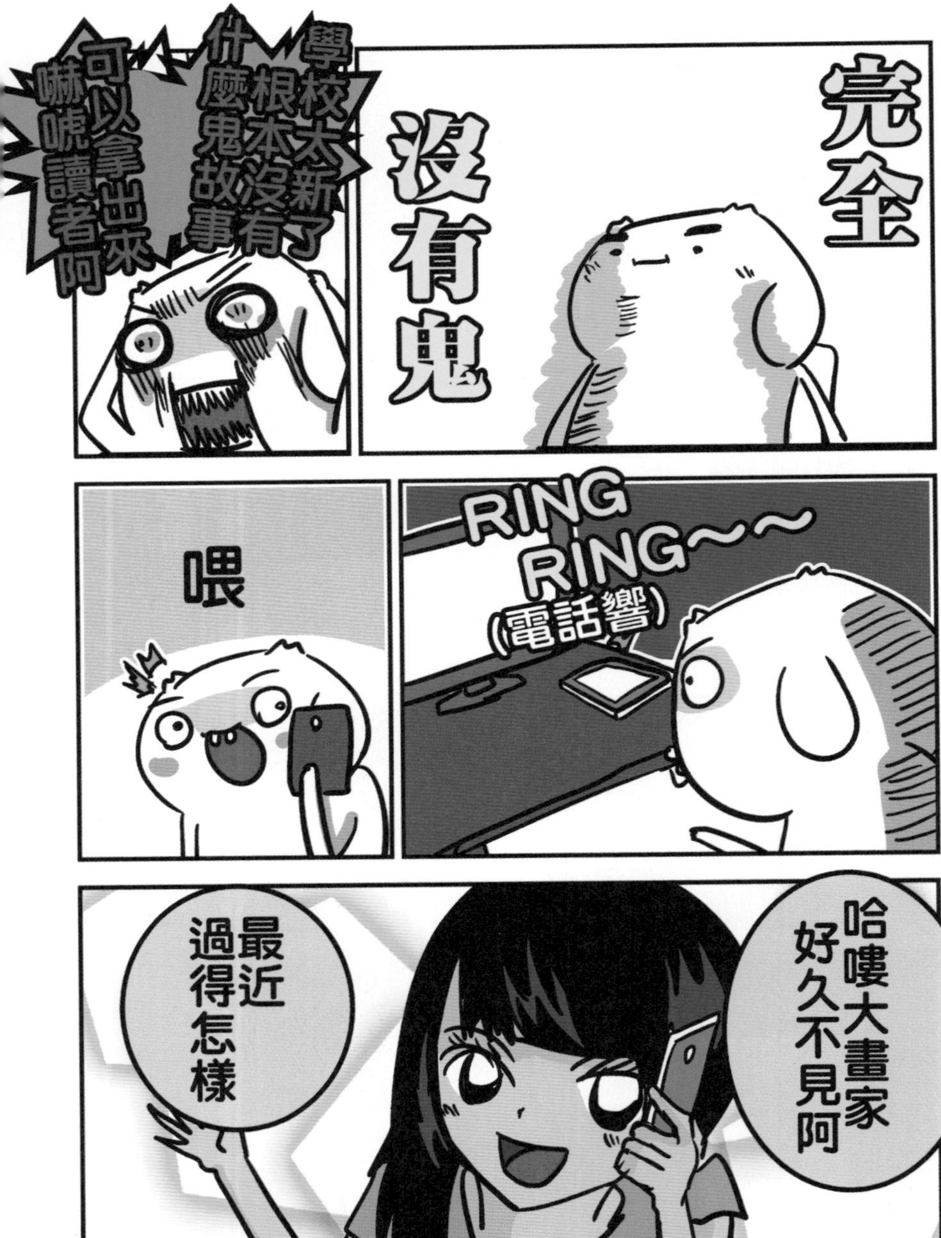
完全
沒有鬼
學校太新了
根本沒有
什麼鬼故事
可以拿出來
嚇唬讀者阿
RING
RING~~
(電話響)
喂
哈嘍大畫家
好久不見阿
最近
過得怎樣

馬馬虎虎拉
除了每天被
自己帥醒，
就是在寫書嘍
真的嗎？在寫書阿
會不會寫到我？
可以阿！但妳有什麼故事嗎？
我有一個親身體驗的
鬼故事

真的假的？是我們學校嗎？
我需要!!快跟我講!!!
哈哈我就知道你會有興趣的
好好聽著吧
這個故事發生在我大一時，
因為學校規定，外縣市新生
都要住宿舍。
挖~

當天我從搬宿舍，
整理行李，
還有認識室友，
一切都如此正常。
葉葉我們去洗澡吧
妳洗髮精借我好嗎
我把洗髮精買成潤髮乳了
哈哈哈哈
直到晚上睡覺時……

不知道是因為特別累，
還是不習慣的關係⋯
答答..
答答..
答答..
當天晚上我感覺被
鬼壓床

隔天早上起來整個人好累，
但我的室友，
卻好像都沒事。
我想可能是我自己不適應吧！
就這樣，一整天我都很疲倦。
阿曹，妳看起來很累耶！要不要睡一下？
可是我怕等一下上課爬不起來。

妳睡啦！我會叫妳起床上課的。
好阿謝謝妳
就這樣，看著室友背影，我馬上就入睡了。
咦?!
哈哈哈哈哈哈哈哈哈哈哈哈哈哈哈哈哈哈~~哈哈哈哈哈~~

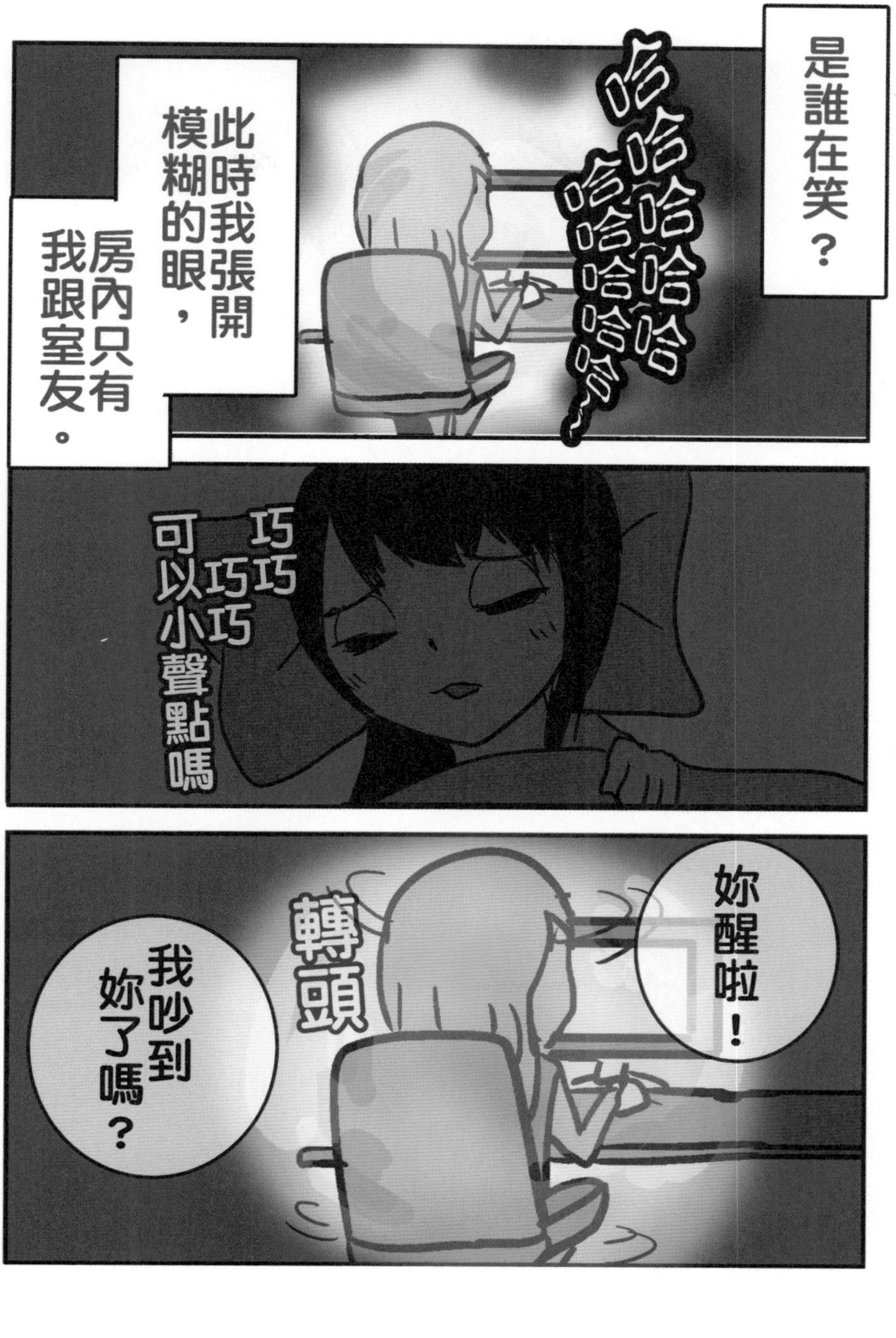
是誰在笑？
哈哈哈哈哈哈
哈哈哈哈哈~
此時我張開模糊的眼，
房內只有我跟室友。
巧巧巧巧巧
可以小聲點嗎
妳醒啦！
轉頭
我吵到妳了嗎？

對不起～～
哈哈哈哈哈哈哈哈
哈哈哈哈哈哈哈哈
轉頭過來的不是巧巧，
而是個男生的臉，

就這樣我驚醒過來，
冷靜後才發現原來是場夢。
但我回頭看室友，
她跟夢中的姿勢居然完全一樣。
一年內我陸陸續續作同樣的夢，
直到搬離宿舍才停止。

哇靠這故事也太精采了吧！
我都起雞皮疙瘩了！
對阿超恐怖的
但我還沒講完
這幾天我又遇到了…
自從搬離宿舍後，
我漸漸忘記這件事情

直到最近
認識一個朋友
我們聊很多
大學的事情，
包括
宿舍的故事。
哈哈我講完了
抱歉阿
有嚇到你嗎
你不信沒關係
但我沒騙人唷

我相信。
不妨告訴你……
我其實有陰陽眼啦
而且如果你想看那個男生
我現在可以幫你開天眼
讓妳看到他唷

而就在當天回家，
準備要睡覺時，
那個聲音又在我耳邊響起。
哈哈哈哈哈哈哈哈哈哈
只不過這次，
哈哈哈哈哈哈哈哈哈哈哈哈哈哈哈哈哈哈哈哈哈哈

哈哈哈哈哈
哈哈哈哈
哈哈哈哈哈哈
哈哈哈哈
他就靠在我床頭笑。
我講完了，很恐怖吧！
靠真的好可怕!!
那我問妳是不是這樣笑？
哈哈哈哈
哈哈哈哈
對耶！聲音超像的！
等等這不是你
的聲音阿…

喂～喂喂～
奇怪了怎麼講到一半就不通了
才說到搬進宿舍而已耶⋯

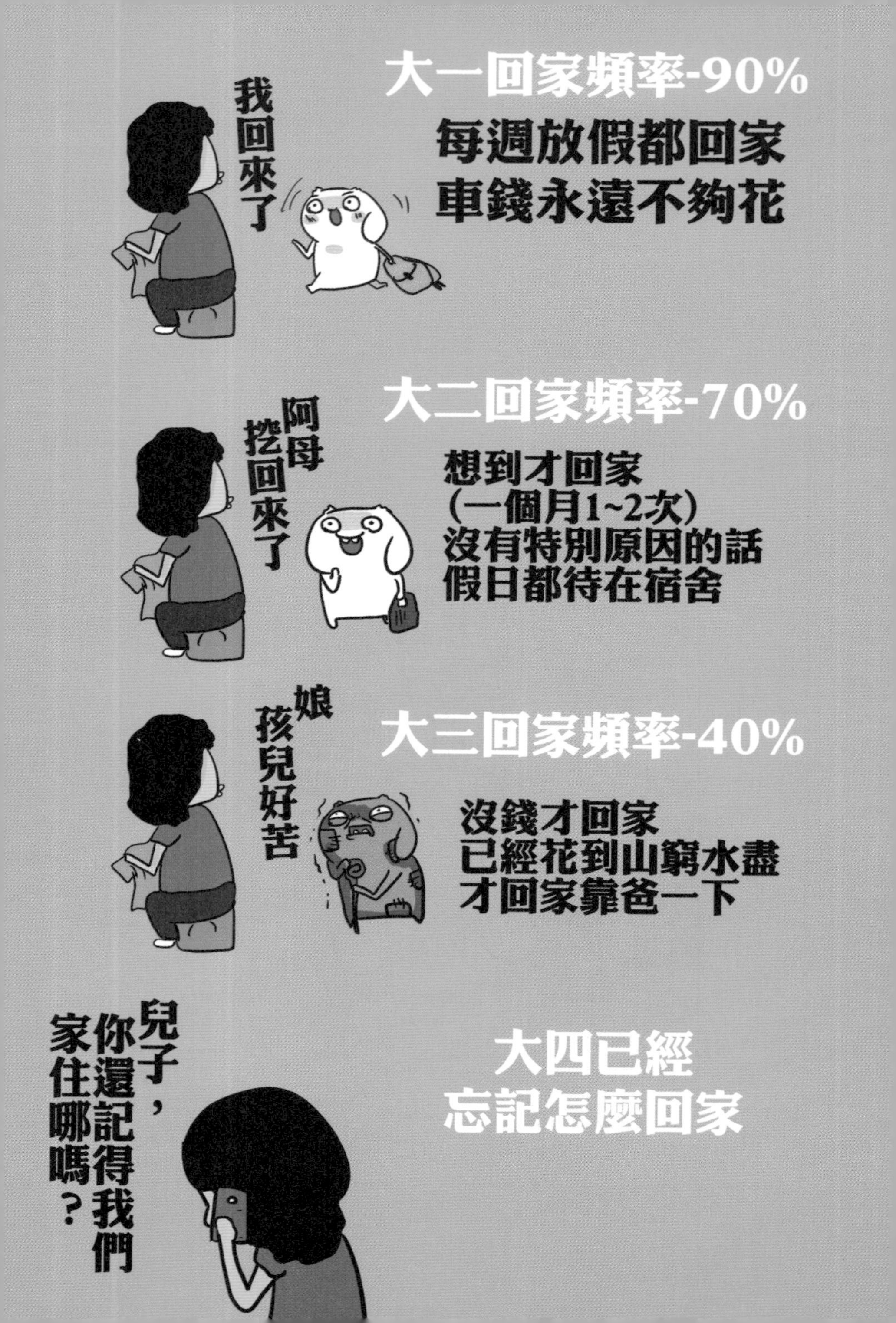
大一回家頻率-90%
每週放假都回家
車錢永遠不夠花
我回來了
大二回家頻率-70%
想到才回家
(一個月1~2次)
沒有特別原因的話
假日都待在宿舍
阿母
挖回來了
大三回家頻率-40%
沒錢才回家
已經花到山窮水盡
才回家靠爸一下
娘
孩兒好苦
大四已經
忘記怎麼回家
兒子，
你還記得我們
家住哪嗎？

打工篇

——被媽媽放生以後

工作就像情人一樣
不合的話千萬不要勉強
因爲痛苦的還是自己

來吧！打工仔

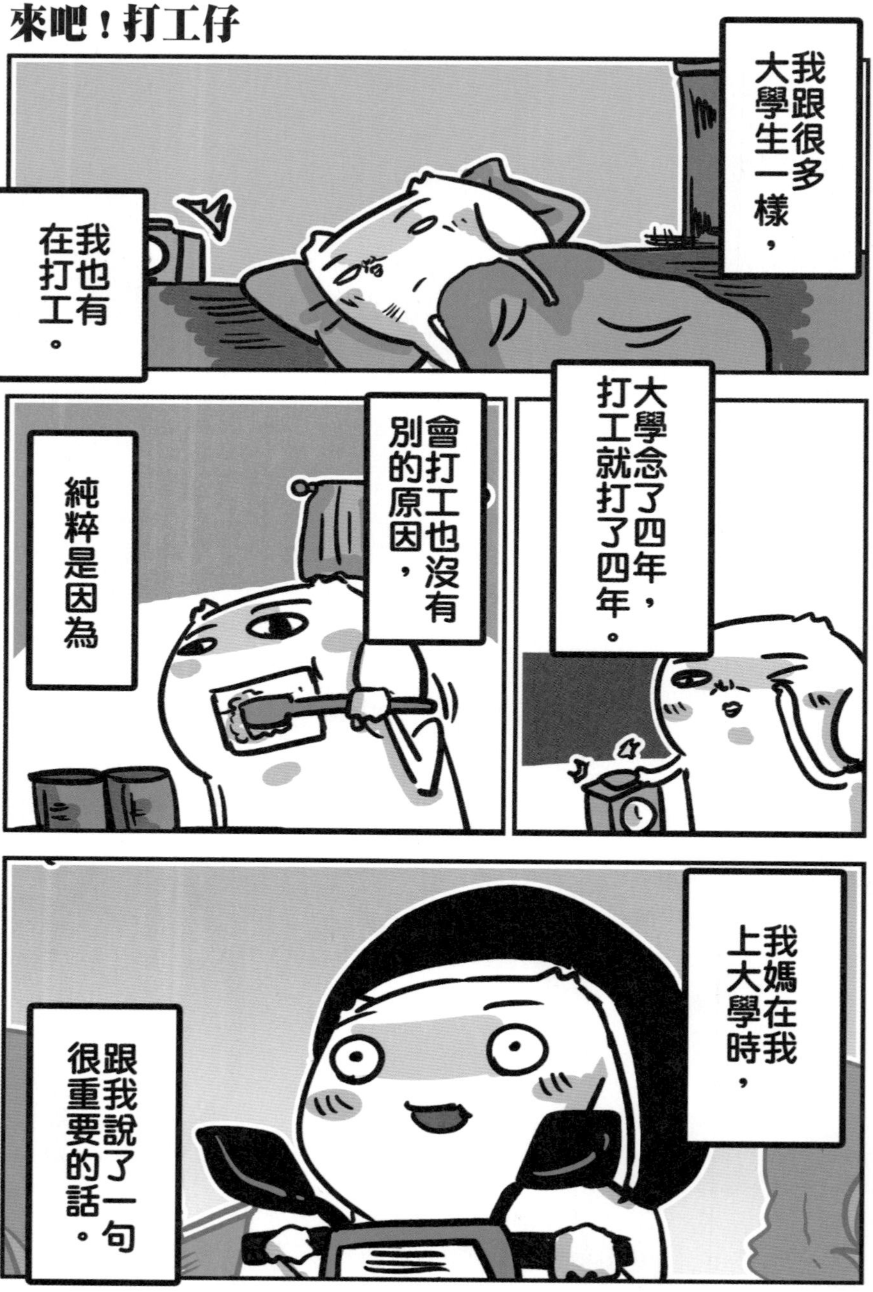
我跟很多大學生一樣，
我也有在打工。
大學念了四年，打工就打了四年。
會打工也沒有別的原因，
純粹是因為
我媽在我上大學時，
跟我說了一句很重要的話。

老娘以後不給你錢了。
自生自滅吧！
幹！放生我？
因為這樣我就去飲料店上班了。
上班第一天
你好阿，我是店長嘉屏。
我們店的新手都是從吐司開始學起。
其實這很簡單，
不要怕會太難。
把烤好的吐司上面放水果，
冰淇淋，
再稍微調整…

你看，蜜糖吐司屋
就完成嘍。
哇靠好簡單唷
那換你試看看吧
吐司加上冰淇淋、水果、
然後調整…
完成了！
蜜糖
海砂屋

同學，你玩我阿？
看我眼睛阿！
我沒有…
算了，不然先教你泡飲料吧。
聽好嘍。
加入波霸、珍珠、愛玉，
然後還有花茶，
放入雪克杯用力搖！
我們店的招牌—綜合口味—就出來嘍。
挖~~~

那接下來換你做一杯吧！
好唷，沒問題！
波霸，愛玉珍珠
還有花茶
然後搖搖搖
完成了！
不錯嘛！學得很快耶
可能我有這方面的天分阿
那我就先去，
把飲料送給客人嘍。

好啦，那我教你另一種飲料，
對了，有沒有看到杯子的杯蓋阿？
沒有耶我沒拿
小姐！
這杯飲料裡面怎麼有杯蓋阿！
幹！死小孩
磅！！
對不起我馬上換新的給你

打工一定會被搭訕嗎

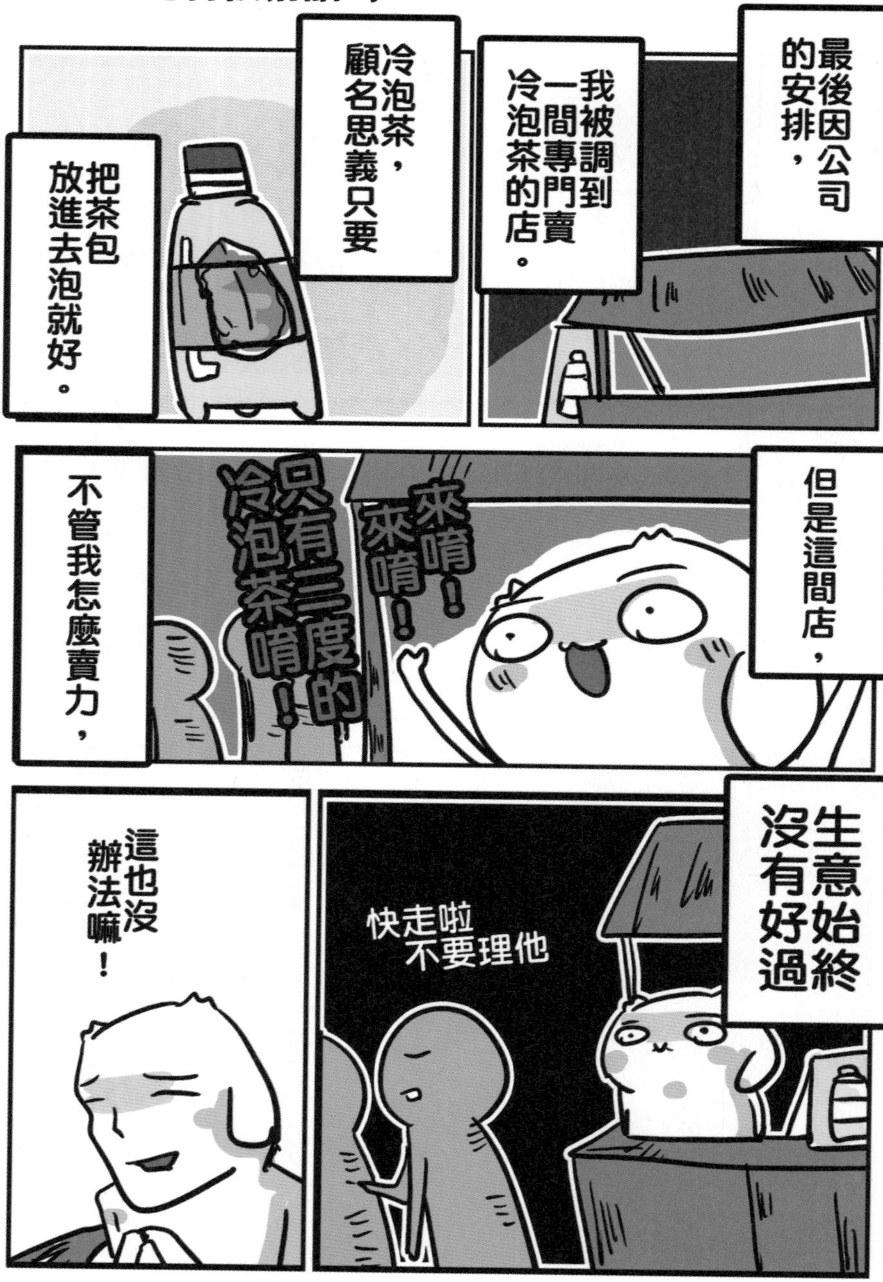
最後因公司的安排，
我被調到一間專門賣冷泡茶的店。
冷泡茶，顧名思義只要
把茶包放進去泡就好。
但是這間店，
來唷！來唷！
只有三度的冷泡茶唷！
不管我怎麼賣力，
生意始終沒有好過
快走啦 不要理他
這也沒辦法嘛！

因爲這家店
是在冬天開店
誰會在寒流來喝
小冷泡茶啦！
算了，我還是準備打烊吧。
餒，要打烊了嗎？
現在還有飲料嗎？
有客人！

還有、還有
有紅茶、綠茶
還有烏龍，
你想喝什麼？
唷唷
先不要這麼
急嘛！
我們先
聊一下天呀
就這樣，
為了讓他
買飲料，
你是單身嗎？
是台南人嗎？
你幾歲阿？
目前是學生嗎？
我就陪他
聊了半小時。
結果突然間
哈哈哈
我跟你還真
有話聊呢
廢話，
我想要你
買飲料阿。
既然這麼
聊得來…

可以跟你要電話嗎？
靠杯這哪招！
奇怪捏剛剛不是說聊天就好
怎麼又突然要電話
不是要買飲料嗎？
算了！給他電話就會買飲料了吧？
就這樣為了讓他買飲料，
我的手機是0933…
唷唷是唷
我出賣了我的電話。

那我方便，問你個問題嗎？
什麼問題？
就是你會排斥同性戀嗎？
阿幹幹幹幹！爲什麼要問這一題？
崩潰
但我還是鎮定的回答。
不會阿，每個人都有戀愛的權利阿。
是唷，那我可以再問你一題嗎？

那有人說，你很像同性戀嗎？
阿阿阿阿你到底要暗示我什麼？
我要回家！

同學我來笑你了

上大學時，除了自己打工很重要，
餒對了，聽說阿紘
最近也在飲料店上班耶。
真的嗎？那我去探他班。
朋友打工也是很重要的。
哈囉
你怎麼來了？
尤其是去找在餐飲店上班的朋友。
當然是來探你的班阿！
我太感動了，那你要喝什麼飲料？
我請客！
這怎麼好意思！

那我就點一杯
那我要喝最貴的
真心話！
拿鐵冰沙！
牛奶賣完了。
綜合果汁！
現在沒有水果。
特調多多綠！
我還不會泡。

現在是怎樣！
好啦那直接跟我說，你現在會泡什麼？
綠茶！
我只會泡，綠茶。
唷唷你只會泡綠茶阿
我去你的
給拎杯道歉
爲什麼不早說！

正妹的好處

說到打工，男生女生就真的差很多，
歡迎光臨！
我的朋友巧巧是系花，在漫畫店上班。
因為漂亮的關係，一面試都是馬上錄取。
工作很輕鬆，打打資料，
幫忙打電話訂貨，
我們要訂五本海賊王
或是歸書，
東立的書
要說這份工作最累的就是，
小姐我想要找本書！
趕蒼蠅。

你要找什麼書呢？
我要找妳的臉書！
馬的爛梗！
吼！每次上班都快累死了，
還要應付一堆豬哥。
馬的！妳那工作哪裡累阿？明明爽的哩還可以吹冷氣阿罵哩
哇靠怎樣不爽阿老娘就是有本事抱怨啦！
如果真的那麼羨慕幹嘛不來投履歷阿？
妳以為我不想唷

我履歷有投阿
但是被已讀不回
那就是命了！
有次到她們店探班時，
餒，我來了
你先坐一下
我快下班了
我終於知道她上班的難處了。
我要借書

那在這裡先跟你確認一下，
火影忍者二月十三號到期
海賊王
二月十三號到期
爆漫王
二月十三號到期

還有一本
嗯…這本
這要怎麼唸阿…
因為她支支吾吾太久了，
所以我繞到她背後看電腦上顯示的書名，
結果看到書名…
靠杯阿怎麼唸阿
我還是處女
2/13號到期
害我也期待她唸出來了。

緣起不滅

天阿，看到這裡書都要接近尾聲了。
這是編輯大人
咦！真的耶
那我可以代替讀者，問問你個問題嗎？
好阿，妳想問什麼呢？
踏馬的！故事才講到一半，
為什麼就接近尾聲了
妳不要這樣看我

因為阿，妳也知道嘛
大學四年很長的

總是有許多
故事可以拿來畫

所以我就一不小心
畫阿畫的

就多畫了，好多頁呢。
你大學，到底有沒有在念書？
好啦，超過是好事阿
至少內容飽滿，不是在搪塞讀者。
但是你究竟超過幾頁阿？
趴

倫家就不小心多畫了，
一百七十頁而已。
而已個屁！根本就是一本書的分量阿！
最好有那麼多故事可以寫!!
哩賣唬爛唷
幹，真的啦！
相信大家都知道，
在大學四年內的回憶中

不論是好的或壞的回憶
要簡短的，用一本書來訴說其中的精華
是非常困難的。
好幾次我也想縮短其中的故事、
好幾次也想放棄一些內容，
但畢竟這是花大家的錢購買的書籍，
我要做，就要把它做到最好，
呈現出最好笑的故事，
才不會辜負大家的期盼。

於是乎...
大學微微疼！
上課篇，戀愛篇，
2016年初！！
即將再現！
COMING SOON
更多作者免費最新漫畫
粉絲團:
我得了一種吃菜就會死的病
WEBTOON:
微不幸劇場
LINE帳號:
@GTS9364J

不過阿，有個問題，
我一直很想知道耶。
什麼問題啊？
就是阿，
（小聲講）
（小聲講）
講完了，就是這個問題，
不要太大聲講唷
唷唷～原來如此

番外篇
宿舍內
教你如何○○○
（就是你想的那個沒有錯！）
18

原來妳想知道
男生在宿舍怎麼看A片還有自O阿！
你想讓這本書變成遺書嗎？
對不起，不要打臉

哈哈，說到這個
妳們女生會好奇很正常的
妳是不是常聽說男生都一起看A片呢？
對阿，我上大學時常聽男生說
他們都一起看A片。
我告訴妳，
會一起看的人其實只是想增加話題，
讓彼此比較有話聊。

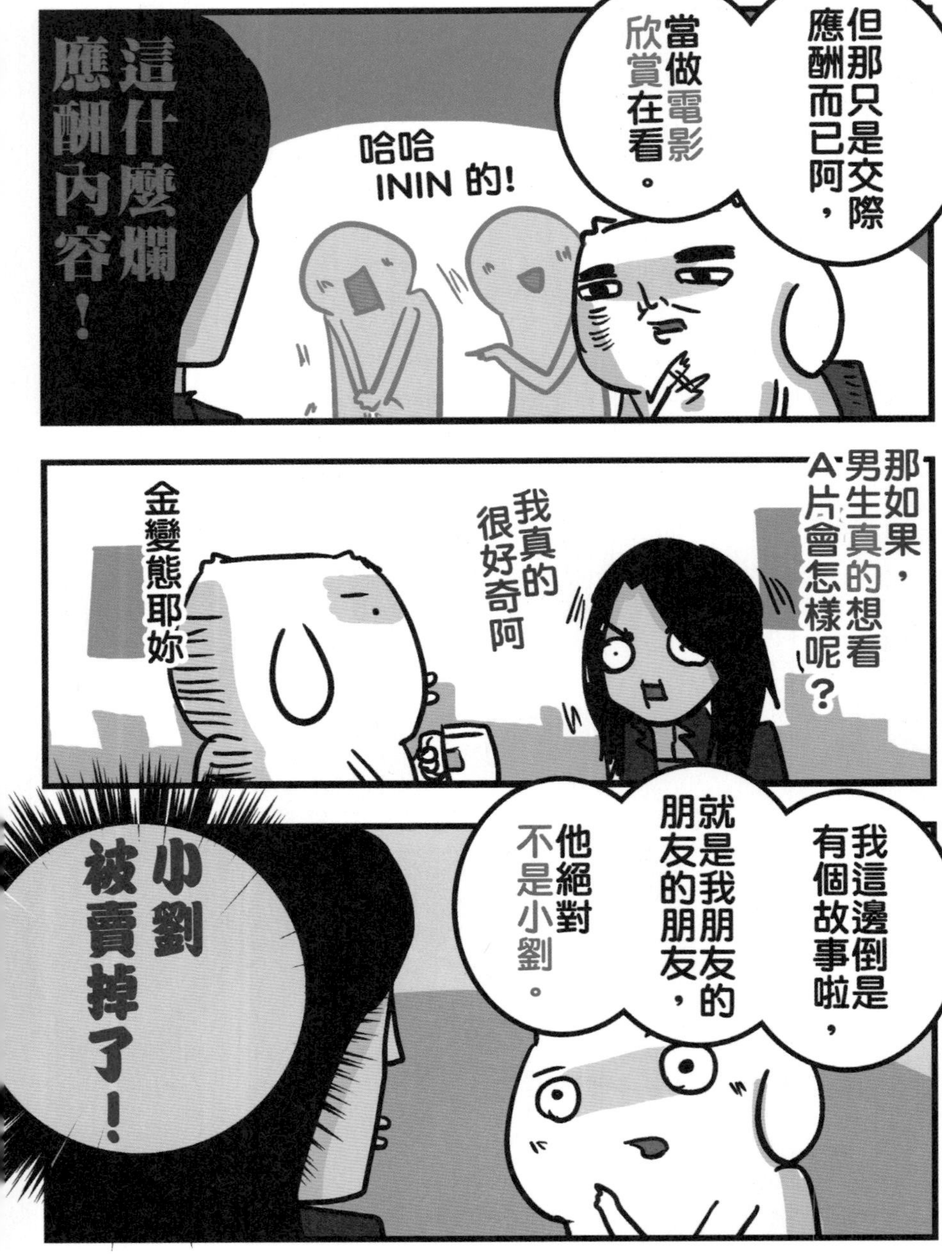

但那只是交際應酬而已阿，
當做電影欣賞在看。
哈哈 ININ 的!
這什麼爛應酬內容！
那如果，男生真的想看A片會怎樣呢？
我真的很好奇阿
金變態耶妳
我這邊倒是有個故事啦，
就是我朋友的朋友的朋友，
他絕對不是小劉。
小劉被賣掉了！

因為住宿的關係男生如果有生理上需求想看A片，
總是要選在放假回家、或是室友不在時，
但是大一的課幾乎都是一樣的
所以聰明的小劉就想到。
什麼？你不舒服
下一堂課不想上？
對阿，我沒什麼精神，
你們去上課就好。

真的啊？
要不然，我給你
塗一點，綠油精
挖股溝
一抹

阿阿阿阿阿阿阿
這是三小啊!!!
你抹了什麼啊?!
我的股溝
你信不信我宰了你！
好啦，看你是真的不舒服，
我就不吵你了

被說中

過了一節課，下課後。
小劉我回來啦。
怎樣，看A片開心嗎？
少在那邊啦！
我才沒有看哩！
唉呦唉呦，見笑轉生氣嘍。
有沒有，我摸你電腦就知道啦！
如果電腦熱熱的，
就是剛剛你有用過。

咦？你的電腦沒有熱熱的
當然阿，我就是說我真的不舒服。
好啦，算我誤會你，對不起，
你休息吧！我要打遊戲了。

幹！
爲什麼，
我的電腦燙燙的
莫非？

FUN系列 010

大學微微疼

作　者—微疼
主　編—邱憶伶
責任編輯—麥可欣
責任企劃—吳宜臻
封面設計—我我設計工作室
美術設計—黃雅藍、我我設計工作室

總 編 輯—李采洪
董 事 長—趙政岷
出 版 者—時報文化出版企業股份有限公司
一〇八〇一九　臺北市和平西路三段二四〇號三樓
發行專線—（〇二）二三〇六六八四二
讀者服務專線—〇八〇〇二三一七〇五・（〇二）二三〇四七一〇三
讀者服務傳真—（〇二）二三〇四六八五八
郵撥—一九三四四七二四時報文化出版公司
信箱—一〇八九九臺北華江橋郵局第九九信箱

時報悅讀網—http://www.readingtimes.com.tw
讀者服務信箱—newstudy@readingtimes.com.tw
時報出版愛讀者粉絲團—https://www.facebook.com/readingtimes.2
法律顧問—理律法律事務所　陳長文律師、李念祖律師
印　刷—和楹印刷有限公司
初版一刷—二〇一五年四月十日
初版二十一刷—二〇二四年七月十一日
定價—新臺幣二五〇元

時報文化出版公司成立於一九七五年，
並於一九九九年股票上櫃公開發行，於二〇〇八年脫離中時集團非屬旺中，
以「尊重智慧與創意的文化事業」為信念。

大學微微疼 / 微疼著. -- 初版. -- 臺北市 : 時報文化,
2015.04
面；　公分. --（Fun系列；10）
ISBN 978-957-13-6242-7（平裝）

1.大學生 2.學生生活

525.619　　104004712

ISBN 978-957-13-6242-7
Printed in Taiwan